神戸学院大学法学叢書 17

日中通商交渉の政治経済学

The Political Economy of Japan-China Trade

焦　従勉

Congmian Jiao

京都大学学術出版会

目　次

序章　日中貿易摩擦研究の意義および視座 …………………… 1
　　第1節　問題の所在と研究の目的　　1
　　第2節　本書の分析視座　　11
　　第3節　本書の構成　　15

第1部　個別産業における通商交渉

第1章　ネギなど農産品3品目に対する暫定的セーフガード
　　　　── 事例研究① ………………………………………… 19
　　第1節　セーフガード発動の背景　　19
　　第2節　セーフガード発動の経緯および限界　　23
　　第3節　民間団体主導の官民協議が成功モデルになるのか　　32
　　補　論　構造調整という条件への留保の必要性　　40

第2章　アメリカ・EU・中国の鉄鋼セーフガード措置
　　　　── 事例研究② ………………………………………… 43
　　第1節　分析枠組　　43
　　第2節　鉄鋼業・鉄鋼貿易　　46
　　第3節　中国鉄鋼SG発動の原因　　54
　　第4節　WTO紛争処理メカニズムと民間団体の役割　　59

第2部　包括的な経済交渉

第3章　人民元切り上げ問題 ── 事例研究③ ……………… 71
　　第1節　問題の所在と分析の目的・方法　　71
　　第2節　日米と中国の対立　　73
　　第3節　対立から中国の金融制度改革支援へ　　88
　　第4節　国際合意の要因　　92

第 4 章　日中 FTA 戦略の比較 ── 事例研究④ ················ 95
　　第 1 節　FTA の政治的含意　95
　　第 2 節　東アジア地域統合の試み　98
　　第 3 節　中国と ASEAN の FTA　102
　　第 4 節　日本と ASEAN の FTA　106
　　第 5 節　日中 FTA 締結の課題　111

第 5 章　日米貿易摩擦の教訓および日中貿易摩擦の概観 ···· 113
　　第 1 節　日米貿易摩擦の経験と教訓　113
　　第 2 節　日中貿易摩擦の概観　123

終章　今後の展望および課題 ·· 143
　　第 1 節　政策過程分析のまとめ　143
　　第 2 節　日中貿易摩擦の今後の展望　145
　　第 3 節　安定的な貿易成長を促進するための政策提言　147

参考文献　157
資　　料　164
あとがき　191
索　　引　195

略　語　一　覧

APEC：Asia-Pacific Economic Cooperation（アジア太平洋経済協力会議）

ASEAN：Association of South-East Asian Nations（東南アジア諸国連合）

BIS：Bank for International Settlement（国際決済銀行）

CEP：Closer Economic Partnership（包括的経済連携）

EAEG：East Asian Economic Group（東アジア経済グループ）

EC：European Community（欧州共同体）

EPA：Economic Partnership Agreement（経済連携協定）

EU：European Union（欧州連合）

FRB：Board of Governors of the Federal Reserve System（米国連邦準備制度理事会）

FTA：Free Trade Agreement（自由貿易協定）

GATS：General Agreement on Trade in Service（サービス貿易に関する一般協定）

GATT：General Agreement on Tariffs and Trade（関税および貿易に関する一般協定）

GDP：Gross Domestic Product（国内総生産）

G7：Group of Seven Industrialized Countries (Canada, France, Germany, Italy, Japan, United Kingdom, United States)（先進7カ国グループ）

IMF：International Monetary Fund（国際通貨基金）

JETRO：Japan External Trade Organization（日本貿易振興機構）

NAFTA：North American Free Trade Agreement（北米自由貿易協定）

NIEs：Newly Industrializing Economies（新興工業国・地域）

OECD：Organization for Economic Co-operation and Development（経済協力開発機構）

USTR：Office of the United States Trade Representative（アメリカ通商代表部）
VER：Voluntary Export Restraint（輸出自主規制）
WB：World Bank（世界銀行）
WTO：World Trade Organization（世界貿易機関）

序 章

日中貿易摩擦研究の意義および視座

第1節　問題の所在と研究の目的

　1995年，GATT（関税および貿易に関する一般協定）の後身としてWTO（世界貿易機関）が成立した。WTOは物品の貿易に係る関税および非関税障壁の削減や予見可能性を高めるための通商ルールの強化・充実に加え，サービス貿易，知的所有権の貿易側面についても対象としている。また，紛争処理機能も抜本的に強化しており，GATTに比べて対象も実効性も向上した。WTOの立ち上げ後，さらに加盟国・地域が急増し，グローバルな体制へと変化した[1]。WTOがGATTと同様に世界自由貿易体制の根幹を支えていくことは言うまでもない。しかし，WTOにはコンセンサスによる意思決定の原則があり，加盟国・地域数の増加に伴い，合意に到達することは極めて難しいという問題を抱えている。例えば，2002年より交渉が開始されたドーハ開発アジェンダ（Doha Development Agenda，ドーハ・ラウンド）は，先進国・発展途上国の対立を解消することができず，2008年7月の閣僚会合が決裂した。アメリカ通商代表部（USTR）ウォーレン・マルヤマ氏は，決裂の原因となったアメリカとインド，中国など主要途上国の意見の相違はあまりに複

---

1) 1995年の加盟国・地域の数は76カ国・地域だったものが，2008年5月現在152の国・地域である。さらに，ロシア等30カ国が加盟申請を行っている。

雑で,早期の解決が期待できないとの考えを示した[2]。WTO 交渉の難航化・長期化と対照的に,1990 年代以後地域統合の動きが加速し,FTA/EPA[3] の締結数が急増した[4]。FTA/EPA では,域内輸入品に課す関税の撤廃または引下げによって域内国間における市場アクセスの改善を享受しつつ,域外からの輸入品に課される関税率(最恵国待遇ベースの譲許関税率)を維持することが WTO 協定の例外的措置として認められているため,重要な貿易相手国・地域と迅速に FTA/EPA を締結することが重要視されるようになった。

1990 年代において日本は WTO を中心とする多角的な貿易体制の維持・強化を通商政策の中心に据え,二国(地域)間 FTA に対して批判的な立場を取り,WTO の場において FTA 審査に厳しく当たってきた[5]。しかし国際的な FTA ネットワークの広がり[6]によって,日本は二国間あるいは地域との FTA を締結しないことによる不利益が顕在化した[7]。産業界は,通商政策の新たな柱として FTA への取り組みを強化するよう政府に求め,「WTO 一

---

[2] ロイター,2008 年 8 月 7 日記事。

[3] FTA は自由貿易協定,例えば,NAFTA(北米自由貿易地域);EPA は経済連携協定,例えば,日本・シンガポール(日坡)経済連携協定。

[4] 2008 年 3 月時点において,WTO に通報されている地域貿易協定の件数は 151 件に上っている。急増の背景としては,①アメリカ,EC がそれぞれ NAFTA(1994 年発効),EU(1993 年発足)への取り組みを加速させるなど,欧米が経済的関係の深い近隣諸国との間で貿易,投資の自由化・円滑化などによる連携を図る動きを活発化させたこと,②NIEs や ASEAN がいち早く経済開放を推し進めることにより高成長を果たす中,チリ・メキシコなどの新興国が貿易・投資の自由化や市場メカニズムの導入へと経済政策を転換させ,その中で FTA/EPA を活用する戦略を採ったこと,さらに,③日本を含む東アジアが FTA/EPA に積極姿勢に転じたことなどが挙げられる。『2008 年通商白書』411 頁を参照。

[5] 2000 年 10 月 23 日,シンポジウム「自由貿易協定と日本の選択」での外務省野上義二審議官の発言を参照。

[6] 90 年代から,ASEAN で AFTA が設立,北米で NAFTA,南米でメルコスール(MERCOSUR)の創設があり,さらに EU 拡大などが挙げられる。

[7] 例えば,2000 年メキシコにおける日本商工会議所が現地日本企業に実施したアンケート調査では,80％の企業が「日墨 FTA がないことによるデメリットが既に生じている」と報告した。FTA を締結している欧米企業との競争上,関税差は日本企業にとって極めて不利な状況となる。

辺倒」から「WTOとFTAを両輪とする通商政策」への戦略転換が確立された[8]。FTA推進は日本の国家戦略として2002年に確立した。FTA/EPAを結ぶ際には確かに，実際の貿易・投資関係の増大や国境をまたがる生産分業体制の存在，あるいはそれらが将来実現するであろうことを予測して交渉に踏み切るわけだが，「交渉に踏み切る」決断をするのはまさに政治的な判断である。一般に，政策決定において何らかの判断が下される場合，例えば輸出市場の確保など，各国政府は「国益」を考えてFTA締結を決断する。さらに，実際見込まれる経済的便益よりも，FTAをある国（地域）と結ぶことによって，その国（地域）に対する政治的な影響力を強めるという，いわば政治的な便益がインセンティブになるという側面もある。2008年7月1日現在，日本はすでに6カ国（シンガポール，メキシコ，マレーシア，チリ，タイ，インドネシア）との間のEPAを発効させており，3カ国・地域（フィリピン，ブルネイ，ASEAN）との間でEPAを署名している[9]。

自由貿易体制および地域経済連携の強化を背景に，世界貿易構造が大きく変化した。東アジアとアメリカ・EUとの間では，日本・NIEsが中間財を生産し，中国・ASEANが中間財を輸入して最終財に組み立て，最終消費地である欧米へ輸出するという「三角貿易構造」が産業横断的に成立している。三角貿易の強化・高度化は，東アジアにおける裾野産業の成長や，資本集約的な産業基盤の厚みが増した結果，実現されたものと言える。三角貿易構造は域内だけの閉鎖的なものではなく，欧米との貿易関係の緊密化を通じて世界経済の成長を牽引するダイナミズムの源となっている[10]。日中貿易はこうした東アジア三角貿易構造の中で重要な柱になっており，輸出入増加率とも東アジア地域の平均増加率を超えている。

1980年に94億ドルしかなかった日中貿易額は，2007年には2,366億ドル

---

8) 2000年10月23日，シンポジウム「自由貿易協定と日本の選択」での経団連貿易投資委員会総合政策部会長團野廣一氏の発言を参照。
9) 『2008年通商白書』413頁。
10) 経済産業省編（2005）第2章第3節「東アジアの成長を支える貿易構造 —— 高度化する三角貿易」を参照。

に達し,約25倍に増えた[11]。2007年の貿易統計では,中国はアメリカを抜いて,日本にとって最大の貿易相手国になった。一方,日本は中国にとって,EU,アメリカに次ぐ三番目の貿易相手国であり,最大の輸入相手国である。経済相互依存の深まりを背景に,日中貿易摩擦が拡大と複雑化の様相を呈している。例えば日本政府は2001年にネギなど農産品3品目に関する暫定的セーフガード(SG)を発動した。中国側も鉄鋼セーフガード(SG),化学製品など[12]に対するアンチ・ダンピング(AD)課税などを頻繁に発動している。セーフガードとアンチ・ダンピング課税の規定自体は,WTOによって認められる正当なルールであり,90年代以後各国での適用が増加の様子を見せている。21世紀に入って,日中両国においても貿易をめぐる政治が繰り広げられることになった。さらに個別製品・産業のミクロ的な摩擦だけでなく,国際収支の不均衡や人民元切り上げなどのマクロ的な問題についても利益政治過程,圧力政治過程が展開されたのである。

1. 貿易摩擦の定義

貿易摩擦については様々な定義があり,また貿易摩擦以外に,経済摩擦,通商摩擦などの用語も存在する。例えば,『大辞林』[13]による貿易摩擦の定義は,「個々の商品の貿易において,輸出(輸入)が一方に大きく偏ることから発生する紛争。通商摩擦。」となっている。『大辞泉』[14]の定義では,「貿易不均衡をめぐって関係国間で発生する紛争。通商摩擦」となっている。『経済学辞典』[15]では次のように定義されている。

---

11) 財務省貿易統計を参照。ただし,2006年以後は同統計に基づき日本貿易振興会がドル建で換算したもの。以下では特別に明記しない限り,日本財務省の貿易統計を使用する。
12) 中国WTO加盟後において,例えば塗工用印刷用紙,無水フルタ酸,スチレン・ブダジエン・ゴム(SBR),ポリ塩化ビニール,トリレン・ジイソシアネート(TDI),フェノール,エタノールアミン,光ファイバーなどの日本産品。『2005年版不公正貿易報告書』96頁を参照。
13) 『大辞林第2版』三省堂編修所,2006年。
14) 『大辞泉増補・新装版(デジタル大辞泉)』小学館,2006年。
15) 大阪市立大学経済研究所編『経済学辞典(第3版)』岩波書店,1992年,333頁。

今日，各国間の経済的な利害の対立や不調和を表す言葉として，広く〈経済摩擦〉ないしは〈貿易摩擦〉という言葉が使われているが，その内容は，ある国が相手国に対して一方的に特定品目等の輸出超過をおこない，その結果，貿易収支の大幅な出超構造ができあがるようになったとき，相手国はそれを〈摩擦〉と感じて，政治的な交渉等を通じて改善を要求するというように理解される。その意味では貿易摩擦というほうが正確だともいえるが，現在ではこうした摩擦はたんに貿易にとどまらず，投資，金融，サービス，流通機構・商慣行，さらには一国の経済構造全体の体質や行政・運営方法，そして場合によっては生活・文化・嗜好までもが問題にされるようになってきており，これらを総称し，かつその中心に位置する経済的な要因に焦点をあてた場合には，経済摩擦という言葉でそれを表現するのが妥当であろう。

また，『政治学事典』[16]においては，貿易摩擦の術語がなく，経済摩擦について次のように記述されている。「経済的相互依存が進むにつれて増大した経済的な国家間対立を一般に経済摩擦と呼ぶことができる。こうした経済摩擦は，1960年代以後，貿易をはじめ直接投資や金融面で経済関係を緊密化させていった先進国関係において，関税障壁問題・非関税障壁問題を問わず増大していった。……」。本研究の研究対象および分析を明確にするために，前述した内容を踏まえて筆者は「貿易摩擦」を次のように定義する。貿易摩擦とは，個別産業における輸出入急増をめぐり関係国間で発生する紛争，および貿易不均衡などマクロ経済をめぐり為替制度・投資ルールなどに関する関係国間で発生する紛争であり，また様々な貿易協定を締結する際に関係国間で発生する矛盾と対立をも含むものである。

2. 政治問題としての貿易摩擦

日中貿易摩擦は，中国の経済発展とともに深刻化する傾向がある。中国からのネギ等農産品3品目の輸入急増が日本農家の反発を招き，2001年4月に日本政府は暫定的セーフガード措置を発動した。これに対し，中国政府および一部の経済学者・業界は日本の保護主義を消費者の利益を犠牲にして農

---

16)『〔縮刷版〕政治学事典』弘文堂，2004年。

家の既得権益を保護するものであるとして批判するスタンスをとってきた。

　国内産業の保護による利益（レント）を求める各国の圧力団体によるロビイング活動は，経済学において DUP（Directly Unproductive Profit-Seeking）活動と呼ばれる[17]。DUP 活動は，制度や政策が生むレントを求めて希少な資源を浪費するだけに留まらず，レントを生むような新たな政策や制度を作り出すために，DUP 活動が行われる場合には，大きな社会的損失が生じるとされる。保護主義はこうした社会的損失をもたらす DUP 活動を助長するとして，この点においても非難されてきた。しかし猪口孝が言うように[18]，国際競争力を失った産業における労働力を他の産業に移して産業構造を意図的に転換することはそう簡単なことではない。労働は特定の熟練技術や特定の職場と切り離しがたいものが多く，構造調整は容易ではないが，しかし一方でそれがうまくいかなければ失業者が増加して社会的政治的不安が広がるだろう。構造調整に耐え切れない産業（その産業に属す企業）は，当然ながら「政治的な」庇護を求める。政治学が貿易摩擦問題に関してその解決に資するとすれば，それは「社会的経済的弱者（いわゆる負け組）の庇護」にかかわるからである[19]。保護主義を一方的に批判するのではなく，その際には「社会的弱者」の雇用・所得確保問題への配慮がなくてはならない。

　個別製品・産業のミクロな貿易交渉（農産品，繊維製品，鉄鋼製品，化学製品など）を難航させる大きな要因は，それによって直接の利益なり損害を被る民間企業や団体が政治に働きかけ，その動きに応答した政治家，政治勢力がそれぞれの立場から貿易交渉への圧力をかけるということである。政治家は特定の権益層・権益団体と結びついてその利害を代弁するから，こうしたメカニズムが生まれること自体はむしろ当然であるが，そうした一国内においてさえ多様で複雑な利害関係が一気に貿易交渉過程に流れこんできた場合，政府がそれを一括して解決することはほとんど不可能である。日米など先進国間の貿易交渉において，民間団体の行動が交渉の結果に多大な影響を

---

17) 伊藤・奥野編 (1991) 121 頁を参照。
18) 猪口孝 (1991)「通商問題の政治学」伊藤・奥野編，第 5 章。
19) 猪口前掲書，153 頁。

与えたことは既に指摘されている[20]。しかし日中貿易交渉において、利害関係の主体——両国の民間部門——が、貿易交渉ゲームのプレーヤーとして登場していないことはむしろ不可解なことであって、民間の諸団体の意向をもっと貿易交渉過程に反映させる方途が開かれれば、貿易交渉過程における複雑性（混迷、錯綜）が回避できる可能性があると筆者は考えている。

　国際収支の不均衡や人民元切り上げなどマクロ的な摩擦は、国内政治の範囲を超えて、現在最も重要な国際政治問題の一つになっている。2002年初頭から、ドルがユーロ、円などの世界主要通貨に対して大幅に下がったが、その結果、ドル・ペッグ制を採用している人民元もそれに対応するように、実効ベースで約10％前後切り下がることになった[21]。これを背景に、日本とアメリカをはじめ国際社会からの人民元の切り上げ圧力が高まった。日本政府は中国が世界にデフレを輸出していると主張し、塩川財務大臣[22]は主要7カ国（G7）財務相・中央銀行総裁会議で人民元切り上げを求める案を出した。他方、巨額の対中貿易赤字を抱えるアメリカは、中国が人民元レートを極めて低い水準に抑えているため、アメリカ製造業を萎縮させ深刻な失業問題を招いたと主張し、スノー財務長官・ブッシュ大統領は中国に変動相場制への移行を求める発言を繰り返した。

　こうした日米の強い人民元切り上げ圧力に対して、中国外匯管理局（外貨管理局）は「内政干渉である」と反論[23]し、商務部・外交部などの政府機関は、中国の輸出が日本とアメリカのGDP（国内総生産）に占める割合は、それぞれ2％弱、1％弱と微々たるものであり、人民元レートが両国の経済に大きな影響を与えることはありえないと主張した。また、温家宝首相は、一国の為替レート政策は、その国の経済水準や経済状況、国際収支状況によって決まるものであり、現状の人民元レートは中国現在の国情に合致するものであって、安定した為替レートが中国ならびに世界経済にとって重要な意義を持っていると主張した。中国政府は上述のように日米の圧力に対して強く

20）例えば、金川徹（1989）、大矢根聡（2002）、野林健（1987）など。
21）陳明星・施丹「健全かつ安定的な為替政策とは」『中国経済新論』。
22）役職は当時のものを示した。以下同じ。
23）『北京青年報』2003年9月23日記事。

抵抗したにもかかわらず，結果的に，2005年7月21日，人民元の為替レートを対ドル2%切り上げる政策を実施し，上下0.3%の変動範囲を持つ，事実上の「通貨バスケット制」を導入した[24]。これはまさに中国国内政治と国際圧力の相互作用の結果である。

　一方，FTA推進は国家戦略として重視されている。筆者はFTAの政治的含意に注目したい。大庭が指摘した[25]ように，FTAは本来的に経済面での各国間の障壁除去による関係強化を意図したものではあるが，その形成には多分に政治的な要因が働いている。すなわち，FTAを結ぶ際には確かに，実際の貿易・投資関係の増大や国境をまたがる生産分業体制の存在，あるいはそれらが将来実現するであろうことを予測して交渉に踏み切るわけだが，「交渉に踏み切る」決断をするのはまさに政治的な判断である。それが判断される際には，例えば輸出市場の確保，投資先および投資元の確保，あるいは国境を超えた分業生産体制のさらなる円滑化を促すことによる自国の利益の増進など，各国政府は「国益」を考えてFTA締結を決断する。

　さらに，実際見込まれる経済的便益よりも，FTAをある国（地域）と結ぶことによって，その国（地域）に対する政治的な影響力を強めるという，いわば政治的な便益がインセンティブになるという側面もある。また地理的近接性に依拠したFTAであれば，その地域全体の安全保障の側面における安定にもつながるであろう。いわばFTAは，グローバリゼーションが進むなかで，各国がそれぞれの生き残りをかけて政治的・経済的利益を確保するための保険のような位置づけになっている。さらに短期的な純経済的便益への期待に加え，国際社会のなかでの自国の「居場所」を確保するための方策としてFTAが用いられる側面もある。

　日中両国の世界三番目，四番目の貿易大国[26]としての政治的・経済的影響力を考えると，日中貿易摩擦問題は，両当事国間の国内政治・外交・安全

---

24)『日本経済新聞』2005年7月21日記事。
25) 大庭三枝（2003）「通貨・金融協力とFTAに見る日本の東アジア地域形成戦略」山影編，169-170頁。
26) WTO貿易統計によると，2007年現在モノの貿易ではアメリカが第1位，ドイツが第2位，中国が第3位，日本が第4位。

保障問題だけでなく，アジア地域あるいは国際社会全体とも深い関わりを持つ深刻な問題である。

3. 研究の目的と課題

日中貿易摩擦の拡大と複雑化に伴って，学界・産業界において様々な分析および意見が提示されている。先行研究においては経済学分析が最も多い。例えば，臧世俊は[27]，国際貿易論の視点から両国の貿易構造の特徴を解明し，これに関わる中国経済の改革開放の推進および日本の対応を検証するとともに，日中貿易の共同利益を検討している。これに対して本書は政策過程論の分析枠組を使い，日中通商交渉のメカニズムの解明を通して，中国の政策決定過程および日中通商関係の複雑かつ多面的な様相をトータルに把握することを目的としている。

産業界で代表的なものは「中国脅威論」，「中国特需論」および「政冷経熱論」である。これらの意見はもちろんそれぞれの側面においてある程度事実を反映している。しかし日中貿易を総合的に考える場合，これらの意見は感情論・印象論に過ぎず，貿易摩擦の根本的原因を分析せずに，悲観的，あるいは楽観的な見方を示したに留まっている。

日本経済の長期にわたる低迷の中で生まれた「中国脅威論」を要約すれば，①中国の安価な労働力を使った安価な製品が日本に大量に流入し，対中貿易赤字が拡大するとともに，日本の産業空洞化の原因となっている，②これまで日本が圧倒的に優位にあった NIEs や ASEAN 市場で中国製品との競合が激化している，③人民元の為替レートは中国経済の実力からみて過小評価されており，それがデフレの輸出につながっている，という内容になる[28]。この主張は，農産品，繊維製品など労働集約型産業における貿易摩擦を説明することはできる。しかし，鉄鋼製品，化学製品など技術・資金集約型産業に関しては，むしろ中国側がセーフガード発動，アンチ・ダンピン

---

27) 臧世俊 (2005)。
28) 渡辺利夫編 (2003)，282 頁。

グ課税などの措置を実施しており，「中国脅威論」という観点はこれをうまく説明できない。

「中国脅威論」の次に現れたのは「中国特需論」だった。その内容は次のように要約することができる。高成長が続く中国の需要は大きく，「世界の工場」であり，また「世界の市場」でもある。日本の鉄鋼製品や建設用機械や半導体部品など対中国輸出は著しく拡大し，日本経済の景気回復に貢献している。「中国特需」は鉄鋼・造船など産業の復活に貢献しているのに留まらず，さらに他の産業にも波及し，日本全体の景気回復に寄与している[29]。この「中国特需論」の主張は，日中貿易関係におけるある一定期間の現象を観察して得られた知見に基づいているが，貿易摩擦の活発化を分析対象に入れておらず，したがって説明力に乏しい。

小泉純一郎首相（当時）在任中の日中関係は，よく「政冷経熱」と言われていた。小泉首相の靖国神社参拝，サッカーのアジア・カップで表面化した中国民衆の反日感情，戦後 60 周年をきっかけに中国各地で発生した反日デモ，東シナ海のガス田開発をめぐる両国の対立などを背景に，両国首脳の相互訪問が実現されず，政治関係は停滞していた。その一方で，貿易や投資を中心とした経済関係はますます緊密化しているという見方が「政冷経熱」である。「政冷」に関しては筆者も同意するが，「経熱」に関してはすこし異議を申し立てたい。確かに個別産業レベルにおいて「経熱」を否定できないが，人民元切り上げ問題，FTA 締結問題などマクロ的なレベルを考える場合，日中関係はけっして「経熱」と言えない状態である。安倍内閣成立以後，首脳の相互訪問が実現されたが，「中国製冷凍餃子中毒事件[30]」などに象徴されるように，依然としてさまざまな政治経済問題を抱えている。

以上述べたように，日中貿易摩擦問題は両当事国間の国内政治・外交・安

[29) 2004 年 7 月 8 日，経団連会館に開催された富士通総研経済研究所の第 15 回フォーラム『日本と中国：新たな経済関係の構築へ向けて』(http://www.fri.fujitsu.com/jp/modules/event/list_03.php?list_id = 1042) を参照。2004 年 12 月 5 日アクセス。

30) 2008 年 1 月，中国の天洋食品廠公司で生産された冷凍餃子を食べた日本消費者は，めまいや嘔吐などの食中毒症状を訴え入院した。警察当局は入院した消費者の食べた餃子を検査したところ，有機リン系農薬が検出された。この事件の影響を受けて，中国からの食品輸入が大幅に減少した。

全保障問題に留まらず，アジア地域あるいは国際社会全体とも深い関わりを持つ深刻な問題でありながら，摩擦の政治的・制度的原因はいまだ十分に解明されているとは言えない。本書は個別産業・マクロそれぞれのレベルにおいて，日中貿易摩擦の政治的・制度的要因および貿易交渉の促進要素と阻害要素を明らかにした上で，両国間の貿易拡大を可能にする政策と貿易摩擦を最小限に留める政策のありようを考察しようとするものである。

第2節　本書の分析視座

1. 政治と経済の関係

　本書は政治経済学の視点から分析を行う。政治経済学は政治と経済の相互作用に注目する。政治と経済の関係については大別すると四つの見方がある[31]。第一に，政治と経済は相互に独立のものであり，相互作用はない（あるいはあるべきではない）という見方がある。これは，経済＝水平的価値配分，政治＝権威的価値配分という二元論を守る立場であり，純粋な市場モデルを想定する経済学や，政治の自律性を説く多元主義政治学は基本的にこうした立場をとる。第二の見方は，経済が政治を規定するというものであり，経済的な諸関係や相互行為が政治のあり方を規定すると考える。こうした考え方の典型はマルクス主義にいう唯物史観である。第三の見方は，逆に政治が経済を統制する側面を強調する。その代表はケインズ主義である。周知のようにケインズは，市場の自己調整にまかせておけば需給の均衡は達成されるという考えを否定し，政府の市場への積極的な介入によって需要を喚起することを主張した。最後に，一方から他方への働きかけではなく，両者間の相互作用，相互調整を強調する見方がある。この立場を反映する代表的な研究はコーポラティズム論である。1980年代前半から，この分野の研究は盛んになっている（表0.1）。

---

31) 新川敏光・井戸正伸・宮本太郎・真柄秀子 (2004)，4-10 頁を参照。

表 0.1　政治と経済の関係

		経済の政治への影響	
		大	小
政治の経済への影響	大	コーポラティズム	ケインズ主義 政治的景気循環論
	小	マルクス主義 民主的階級闘争論	新古典派経済学 多元主義政治学

出所：新川敏光・井戸正伸・宮本太郎・真柄秀子（2004）『比較政治経済学』7頁。

2. 通商交渉の政治経済学

　通商交渉は多様な側面を持っており，純粋に政治学的な視点あるいは純粋に経済学的な視点だけではとらえきれない[32]。貿易摩擦はまさに政治と経済の相互作用，相互調整の結果である。国内政治や国際政治の動きとその背景にある政治的メカニズムを明らかにすることは，現代の通商問題を分析する上で極めて重要である。また国内制度および国際機関や国際的な取り決めなどの側面も無視できない。例えば，急激な産業構造調整から国内産業を保護するための輸入制限政策（セーフガード措置）は，国内の衰退産業と消費者の間の分配関係に大いに影響を及ぼす。海外との通商交渉においても，このような国内の政治的な要因を無視して議論することはできない。コメや農産品の自由化問題など，政治的な側面を無視することができないことは明らかである[33]。

　一方，通商問題において多くの経済学者は，セーフガード，アンチ・ダンピング措置および非関税障壁など保護主義的な政策を厳しく批判してきた。従来の経済学は政治的・制度的な条件を「与件」とすることで，純粋な経済理論の形で発達してきたため，貿易摩擦のような経済現象の「政治化」の分析に限界があった。この限界を克服するために，経済学の合理化・最適化の手法を政治現象に応用し，そのような政治行動の結果と経済論理の交錯が社

---

32) 伊藤・奥野編（1991），9頁。
33) 伊藤・奥野前掲書，9-12頁を参照。

会現象や社会制度を生み出していると考える「政治経済学分析」が注目されるようになった。政治経済学分析というフレームワークを使うことで，国内産業の保護によるレントを求める圧力団体のロビイング活動，族議員の存在，省庁間の縦割りなどが保護主義をもたらしたことを明らかにした[34]。

3. 政策アイディア論

　一般に政策形成に影響を与える要因としては三つの「I」が挙げられることが多い。すなわち，利益（interest），制度（institution），そしてアイディア（idea）である[35]。政策アイディアとは，政策の立案，変更などに自律的影響力をもつような知的要素，具体的には理念，知見，情報，着想などを指す。ゴールドステイン（Judith Goldstein）とコヘイン（Robert O. Keohane）が指摘するように，政策アイディアは，アクターにとるべき行動を教示する「地図（road maps）」として，あるいは，関係するアクターが連合を形成する際の「焦点（focal point）」として作用し，また，「制度化（institutionalization）」されることで後の時点にも作用し得るものである[36]。アイディアも含めて，政策は言葉によって作られるということをとくに重視するアプローチが言説（discourse）分析である。シュミット（Vivien A. Schmidt）によれば，言説には政策のアイディアや価値観そのものを指す場合と，それらを他者に伝達・説得して政策を実現させていくコミュニケーション上の相互作用過程との二つの側面が含まれる。政治家や官僚など政策の導入を試みるアクターは，言説を通じてその必要性と適切性を訴え，国民からの支持を獲得していくのである[37]。

　貿易摩擦は一般的に，関係者間の利害対立・調整過程であると考えられているが，その過程は，WTO ルールの適用や解釈をめぐって，アイディアの論争が生じたり，新たな政策アイディアが提示されたりすることがある[38]。

---

34) 奥野正寛・浜田宏一（1991）「通商問題の政治経済分析」伊藤・奥野編，第 4 章。
35) Hall (1997).
36) Goldstein and Keohane (eds.), (1993).
37) Schmidt, Vivien A. (2002), p. 210.
38) 大矢根聡（2002）『日米韓半導体摩擦 —— 通商交渉の政治経済学』16-17 頁を参照。

このアイディアの次元は，貿易摩擦問題の本質に関わっており，原因解明に繋がると考えられ，とくに政策の転換期においてアイディアは重要な契機に成りうる。例えば，中国は WTO 加盟を機に「法制化・国際スタンダード化」という政策アイディアを提唱した。官僚と企業は実際にこの政策アイディアをどう理解し，解釈し，利用したのかを検証する必要がある。本書では，アクター間の利害調整と政策アイディアの二つの次元に着目して分析を試みる。

4. 日中貿易摩擦問題への適応

従来の分析では，保護貿易をもたらす政治経済的要因の解明が精緻化されているものの，どのような政策を採用しどのような制度設計が必要なのかについての研究が欠けていることは否定できない。1960 年代から 1990 年代前半まで長期にわたって続いた日米貿易摩擦はすでに辞典の項目として定着しており，現在において重要な政策課題にならず，新たな制度設計の必要性も低いと言える。しかし日中貿易摩擦は中国の経済成長に伴い，ますます拡大し複雑化することが予想される。貿易問題は日中両国間における重要な政策課題であり，新たな制度設計が不可欠と言えるだろう。

対照的に政策学の領域では，政策デザインの重要性が指摘されている[39]。足立が指摘したように[40]，〈現在の状態〉と〈望ましい（と考えられる）将来の状態〉の間にギャップが存在することが問題として認知され，そのギャップを可能な限り小さなものにすることを目的として政策が —— 厳密には，いかなる行為をどのような手順でどう行うかを指示する（政策の）具体的処方箋が —— 構想され実施される。具体的処方箋を提示すること，あるいはデザイン志向の政策分析が重要である。日中貿易摩擦の拡大と複雑化に関して，従来の研究では，この点は問題としては認知されているかもしれない

---

39) 例えば，Dryzek (2000)；Weimer (1992, 1993)；Schneider and Ingram (1988, 1997)；山川 (2003)；足立 (2003) など。

40) 足立幸男 (2005)「政策研究 —— 規範・倫理・公共性」北川・縣・総合研究開発機構編，25 頁。

が，状況改善のための具体的処方箋の提示あるいはデザイン志向の分析にまでは至らなかった。貿易に関わる政策学は，自由貿易主義をアプリオリに揚げてそれを阻害する要因を挙げて糾弾していけばそれで役目を十分に果たしているという姿勢に甘んじてはならない。政策学は最も現実に肉薄し，そして現実に資するべく方法の点でも洗練されていかなくてはならない。具体的な政策提言をすることは本書のもう一つの目的である。

5. 現地調査および資料

日本と中国の現地調査では，多くの政治家，官僚，民間団体関係者，報道関係者，研究者と公式，非公式のインタビューや討論を行った。また，両国の新聞，ニュースレター，政府文書，その他の公文書など資料収集を行った。統計資料については，WTOなどの国際機関，両国政府や業界のさまざまな統計データを使っている。本書で引用した中国側の情報に関して，『人民網』は人民日報社（中国の主要新聞社の一つ）が発行する新聞や雑誌を電子化してインターネットで配信するウェブサイトである。『中新網（中国新聞網）』は中国新聞社（50年の歴史を持つ中国の通信社の一つ）の，『新華網（中国政府網）』は新華社通信のウェブサイトである。二つの通信社とも国際社会において大きな影響力を持つ。また『新浪網』と『中財網（中国財経信息網）』は大きな影響力を持つ中国語ウェブサイトである。

第3節　本書の構成

本書の構成は以下の通りである。まず第Ⅰ部では，個別産業における日中貿易摩擦の事例研究を行う。日中間産業別貿易摩擦においては，両国政府がお互いに譲らず，平行線をたどっていた貿易交渉を合意に導いたのは民間団体主導の官民協議だった。貿易摩擦問題の発生防止および発生後の早期解決交渉過程において，両国間のさまざまな官民協議網が存在し，とくに民間セクターが大きな役割を果たしたことを論ずる。

続く第II部では包括的な日中経済交渉の事例研究を行う。第3章では人民元切り上げ問題の事例研究を行う。プラザ合意に代表されるような冷戦期におけるマクロ的な経済摩擦は，日米両政府の協調関係によって解決された。一方，人民元切り上げ問題に関して，中国は日米欧の先進国と激しく対立し，即時かつ大幅の切り上げを拒否した。その原因が国際圧力と中国国内政治・制度の相互作用にあることを指摘する。第4章では，日中FTA戦略の比較という事例研究を行う。日中両国は東アジア地域において「東アジア地域統合の実現を目指す」という共通目標を持っているにもかかわらず，具体的な地域統合のプロセスにおいて，自国の影響力を確保するために，それぞれASEANとの協力関係の深化に力を入れている。東アジア地域における日本と中国のリーダーシップ争いの構図を提示する。四つの事例研究を踏まえて第5章では，日米間および日中間の貿易摩擦を比較するとともに，日米貿易摩擦の特質を指摘したうえで，日中貿易摩擦の特徴を明らかにする。日米間個別産業の貿易摩擦においては主に日本側の譲歩によって貿易摩擦交渉の決着がついた。一方，日中間にはさまざまな官民協議網が存在し，民間セクターが大きな役割を果たしている。また，マクロ・レベルにおいては，日米の協調関係と対照的に，日本と中国はライバル関係にあるため，FTA交渉は難航していることを指摘する。最後の終章では前章までの分析を踏まえて政策提言を行う。

第1部　個別産業における通商交渉

2007年11月8日，2007年国際冶金工業展示会が上海で行われた。
写真：アフロ

第1章

ネギなど農産品3品目に対する暫定的セーフガード—事例研究①

第1節　セーフガード発動の背景

　日本は中国にとって最大の農産物輸出相手国である。日本の対中食料品輸入額は，1984年の150億円から2000年の5,581億円へと37.2倍に拡大した。特に野菜は1987年に輸入を開始して以来，2000年には1,632億円にのぼった（図1.1）。農水省の調査データによると，1997年から2000年までの4年間で，ネギ，生しいたけ，畳表の輸入量はそれぞれ15.23倍，1.6倍，2.4倍に増加した。これには，日本国内経済の不景気による消費者選好の変化，中国労働コストの比較優位以外に以下に記す原因があると思われる。

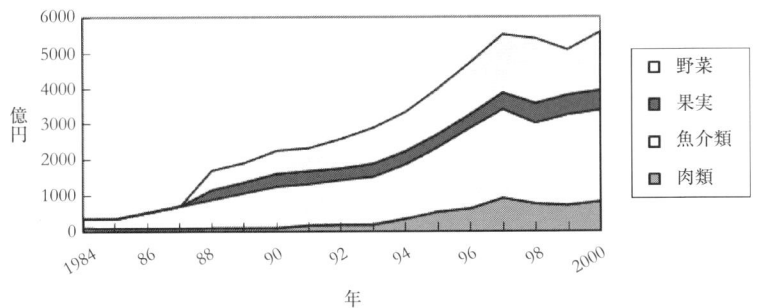

図1.1　日本の対中食料品輸入の推移
出所：財務省（大蔵省）貿易統計により筆者作成。

1.「開発輸入」

　農産品輸入急増の要因は，日系企業による開発輸入であり，それは対中輸入の9割以上にのぼるともいわれている[41]。開発輸入とは，「コスト，数量，品質，生産供給時期等の取引条件で，国産品との差別化が可能であり，最終的には販売または中間原料として消費する目的で，独自または進出国の特定企業・団体・個人集団・行政機関等と合弁・提携・協力の形で，それまでに輸出向けの生産が取り組まれたことのない生鮮品や加工品などについて，日本側のスペック（仕様・条件）に基づき，当該品目の種苗，肥料農薬，農業資材・機械，加工施設・機器の提供や育種・栽培・防除・収穫・選別包装・加工などの技術を有償または無償で供与し，生産された青果物や加工原料・製品を独占的に輸入する取引」のことである[42]。

　通常の開発輸入は，食品企業・商社による海外への直接投資，海外への品種提供と技術提携およびライセンスの供与などを通じて行われている。ただし，中国での開発輸入は他の国・地域での開発輸入とやや違い，「間接型開発輸入」タイプが多い。「間接型開発輸入」とは，台湾系企業や香港系企業が仲介して，開発輸入を行うタイプである[43]。その理由は二つ挙げられている：①ビジネスルールがまだ確立されていない段階で中国の農村地域に入って商取引を行うに当たって，言語上，文化上などの面で共通性のある台湾や香港系企業と組んだほうが行いやすいこと。また，トラブルが発生した場合の処理も行いやすい。②日本企業の開発輸入が1950年代からの長期間，台湾で行われてきたため，既にパイプができ上がっていた日本の商社・食品加工企業と台湾・香港系企業が，そのまま1980年代から生産地を相次いで中国大陸にシフトしたこと。例えばイグサ（主に畳表）業については，日本の商社はこぞって日本国内から（香港経由などで），農産物の種子や，畳表織機を大量に中国へ持ち込んだ。

　阮蔚の先行研究によると，開発輸入の形態は大きく二通りに分けられ

---

41) 阮蔚「野菜の中国からの開発輸入」『中国経済』2001年7月号，68頁。
42) 岩田喜代治 (1995)。
43) 阮前掲論文。

る[44]。一つは，日本の商社，食品加工企業，量販店などの輸入業者が単独か台湾・香港系企業と連携して中国で現地法人を設立し，中国の産地仲買人（集荷業者）や卸売市場から，直接野菜を仕入れ，（1次・2次加工して）日本に輸入する場合である。もう一つは，中国側の輸出業者を兼ねる野菜加工企業が日本側のスペックに基づいて自社保有の農場で生産した野菜，農家から直接に買い入れた野菜，または産地仲買人から買い入れた野菜を，日本の輸入業者が輸入する場合である。

2. しいたけ生産の技術革新[45]

　日本はしいたけの輸出国として長い歴史を持っていた。戦前から1980年代まで，日本は中国および他の中華圏にしいたけを輸出していた。日本では1950年代に「原木栽培方式」が確立され，しいたけ栽培をうまくコントロールできるようになっていた。しかし，1980年代に中国でもしいたけ栽培技術の革新が重ねられ，木を砕いたおがくずや小麦の殻などに砂糖などの栄養を加え，石膏で固めたものを木の代わりに利用する「菌床栽培」が開発された。通常，しいたけを木で育てる場合には，1年半から2年はかかるが，「菌床栽培」なら5カ月から6カ月程度で収穫できる。こうした技術革新と中国の安い労働力を背景に，しいたけの生産コストは日本の40分の1，50分の1と考えられるほどに抑えられている。

　その後，中国では菌床をビニールで覆ってしいたけを育てる「内湿外乾」の栽培方式が開発された。菌床を湿らせて，菌を植え付けてから，ビニールでくるんでおく。しいたけの芽が出たところには，ビニールを破って穴を開け，しいたけが乾いた環境で大きく育つようにする。このようなイノベーションを通して，中国の生産者は品質向上にも取り組んできた。一方，日本国内では，生産従事者の高齢化もあって今なお伝統的な「原木栽培方式」が主流である。

---

44) 同上。
45) 小川武廣の前掲文章を参照。

以上，中国における技術革新がもたらした輸入急増の背景を述べた。しかし，しいたけを含む農産品については，農林水産業の一環としての国土保全，水源かん養，生態系保全，地球温暖化防止など多面的な機能を持続的に発揮させることも重要である。従って，林業の一環としての「しいたけ原木栽培」を商品（しいたけ）の価値だけで評価することができないことも指摘しておく。

3. 積極的な誘導政策

　中国の農政は，1980年代半ばまでの30数年間，膨大な人口を養うために「食糧を要とする（中国語：以粮为纲）」政策を採り，穀物に適していない耕地でも穀物の作付けに利用されてきた。その結果，農作物作付け総面積に占める食糧の作付面積は1980年代まで8割以上を占め，（商品作物としての）野菜の作付けは2％台しかなかった[46]。しかし，「改革開放」による所得の上昇に伴い，1980年代半ばから都市部住民の野菜など副食に対する需要が増えるようになった。都市部人口の急増もそれに拍車をかけた。それに対応して，「野菜カゴプロジェクト」（副食品供給プロジェクト）が動き出し，農政は野菜の増産を推進する立場に転じた。野菜の作付面積は急増し，2000年に野菜面積は1985年の3倍に増え，年間平均約8％の伸びとなった。1990年代半ば以後，農家の所得低迷が大きな問題となり，その解決策の一つとして換金性の高い青果物生産を拡大するようになった。中国のマスコミ報道によると，農家または地方政府は今後野菜栽培面積を拡大する意欲が依然として強い。野菜のハウス栽培も近年急増し，施設面積は1990年の14万haから1999年の93万haに増加し，日本の約18倍になっている。

　野菜作付面積の急増は野菜の大幅な増産につながり，近年供給過剰になりつつある。2000年度における国民一人当たりの野菜の生産量は約345kg（345kg/人・年）。日本の一人当たりの年間野菜消費が110kgであることを考えれば，中国の野菜生産量がいかに多いかが分かる。供給過剰の結果，野菜

---

46) 穀物と野菜以外は，綿花等経済作物が考えられる。

価格が低位に推移するようになり，生産者が輸出市場に目を向けるようになったのである。

第2節　セーフガード発動の経緯および限界

1．セーフガード発動の経緯

　農水省大臣の要請によって2000年12月に，ネギ，生しいたけ，畳表についてセーフガードについての政府の調査開始が発表され，財務省，経済産業省[47]（以下は　経産省）を合わせた三省で調査団が設けられて，輸入者，流通・小売業者，消費者などに対して主に輸入品と国産品との競合関係についての意見提出を求めた。

　調査の結果，3品目とも平成9年から11年にかけて「輸入が急増」（ネギ：9.1倍；生しいたけ：1.6倍；畳表：2.4倍）しており，「国内産業に重大な損害を与えた」，「遅延すれば回復し難い損害を与えるような危機的な事態になる」ことが判明した。以上の3点とも1994年GATT（関税および貿易に関する一般協定）19条，セーフガード協定に基づいての発動用件である。

　農水省と中国対外貿易経済合作部（以下，対外貿易部と略）は，東京と北京で三度にわたって協議を重ねたが，中国政府は日本政府が主張する「輸出自主規制」を受け入れなかった。そこで谷津義男農水大臣（当時）は，ネギなど3品目に対してセーフガードの暫定発動を政府決定とするよう財務，経産両省に要請し，日本政府は暫定的セーフガードを発動することに合意した。実施期間は2001年4月23日から200日間（2001年11月8日まで）。内容の詳細は以下の通りである。

　Ｉ　関税割当
　　以下の関税割当数量について現行の関税率を維持する。
　　なお割当は，過去3年間の輸入通関実績等を勘案して行う。

47）平成13年1月6日より省庁名称変更，旧大蔵省，通産省，本文は便益上新名称で統一。

① ネギ：5,383t「年換算 9,823t」
② 生しいたけ：8,003t「年換算 29,684t」
③ 畳表：7,949t「年換算 18,440t」

Ⅱ　関税

上記関税割当数量を超える輸入については，品目毎に，現行関税率に加え，次の関税率を課す（下記の現行関税率および追加関税率は，協定関税率適用対象国を原産地とするものに適用される）。

① ネギ：225 円/kg（256％相当）「現行関税率 3％」
② 生しいたけ：635 円/kg（266％相当）「現行関税率 4.3％」
③ 畳表：306 円/kg（106％相当）「現行関税率 6％」

中国政府は，強くセーフガードの撤回を求めたが，日本政府はそれを「無視」した。そこで対抗措置として 6 月 21 日に，日本製の自動車，携帯・自動車電話機，空調機の輸入に対する特別関税を 22 日から実施する事を決め，日本政府に通告した。特別関税は，通常の関税を課した後さらに 100％課すことになっていた。現行の税率は乗用車が 70 〜 80％，バスが 45 〜 65％，トラックが 30 〜 50％，空調機が 25 〜 40％，携帯電話機が 12％である。この特別関税の実施期限は不明だった。日本産業界[48]は，大きな打撃を受けて，政府に速やかな対応を求めた。しかし政府・民間さまざまなレベルの協議において，双方の意見は平行線を辿ったまま終わってしまい，交渉は難航した。

10 月，小泉純一郎首相が訪中し，中国の朱鎔基首相，江沢民国家主席と 2 回にわたって会談し，「話し合いによる解決」の首脳合意ができた。にもかかわらず，農家および農林族は活発なロビイング活動を見せ，セーフガードの正式発動を求めた。数回の事務，官民，閣僚レベルの協議を経て，調査期限最終日の 21 日に，政治的な配慮によって，閣僚協議で最終合意に達した。合意の内容は，①日本側はセーフガード確定措置を実施しないこと，②中国側は 100％特別関税の追加徴収措置を撤廃すること，③双方は農産品 3 品目について，貿易スキームを早急に構築し，秩序ある貿易を促進すること，で

48）自動車メーカーなど。

あった。1週間後，中国政府は，自動車など日本製品3品目への100％特別関税を撤回した。こうして今回の貿易摩擦はようやく終息した。

2. セーフガードの限界

　一般セーフガードは，1994年GATT（関税および貿易に関する一般協定）第19条，セーフガード協定に基づき，輸入急増による国内産業への重大な損害の防止のために認められている措置である。また，関税の引き上げには関税定率法第9条および緊急関税などに関する政令，輸入数量制限については外為法および輸入貿易管理令に基づく経済産業省告示によって規定されている。

　セーフガードの発動は以下の三つの条件が満たされる時に許容される。第一は当該産品の輸入急増，第二は国内の同種産業に「重大な損害」が生じた（またはその恐れがある）こと，第三は因果関係の存在，すなわち輸入急増が「原因」となって「結果」として輸入国の同種産業への重大な損害が発生したことが証明されることである。WTOのセーフガード協定は，これらをおよそ九項目の客観的データによって明らかにするよう求めている。日本においては，これに加えて「国民経済上緊急に必要があること」も発動条件になる。今回の貿易摩擦の分析から日中貿易の特殊事情も含めてではあるがセーフガードの限界を指摘することができる。

2.1　輸入急増の判断基準

　日本財務省貿易統計調査によると，ネギ，生しいたけ，畳表3品目とも平成9年から11年まで「輸入が急増」した。しかし，一方で中国税関の統計資料によると中国側からの日本に対する輸出は増えていなかった。例えばネギについて，日本の統計によると2000年で37,000tを中国から輸入したとされているが，中国側の統計によると4,400tしか日本に輸出していない。10倍近い差もあった。しかも，中国側の統計によると日本への輸出はむしろ減っている。中国との貿易を考察する際に，香港を経由する三角貿易に着目することは重要である。中国からの輸入急増は，実際には「中国＋香港」両地域

からの輸入急増であり，日本政府がセーフガード発動する際にこのことは慎重に考慮されるべきである．

2.2 「重大な損害」の被害認定

セーフガードが発動されるために，国内の同種産業が「重大な損害」を受けたとする被害認定を受けなければならない．セーフガード協定第四条 (c) は，「国内産業」を当該産品の国内総生産高の相当な部分を占めている生産者をさすと定めている．ここでは，繊維産業と農産品の例を挙げて分析することにする．

繊維産業において，海外に進出しているメーカーが同業者であり，開発輸入の規模が大きければ，輸入急増によって被害を受けるのは海外に進出していない一部の企業になる．海外に進出している業者も，進出していない業者も「国内産業」である．よって当該産業が重大な損害を被るという認定は困難になる．しかも，海外に進出した企業が日本タオル工業組合連合会のメンバーであり，セーフガードの発動に反対する意見書を経産省に提出したのであった[49]．

農産品の場合は，開発輸入をしているのは商社であり，損害を被るのは日本の農家である．よって当該農産物の被害認定は比較的容易である．しかし，このような「当該産業以外の企業による開発輸入」は農産品に限られる．工業品の場合は「同業者による開発輸入」がほとんどであるため，「重大な損害」認定の困難が予想される．

2.3 各国のセーフガード紛争と WTO

自由貿易主義支持者[50]は，WTO セーフガード措置について，「これまでの間，あらゆる保護主義的な悪だくみを許してきた WTO ルールの抜け穴」であるとし，中国の行動は「WTO へ加入するため自らの関税・国内保護の削減を受入れなければならず，その代償として得られるべき他国への市場ア

---

49) 『日本経済新聞』2001 年 4 月 29 日記事．
50) *Wall Street Journal*, June 2001.

クセスが(セーフガードによって)妨げられることを拒否するもの」であるとみている。そして、中国の報復措置は「他の加盟国にとって将来の貿易紛争を招く(セーフガード措置というWTOルールの)抜け穴を閉じるための価値ある契機になるかもしれない」と主張している。

WTOパネル・上級委員会において最終判断が出たセーフガード紛争5件[51]に関しては、その判断は全て「セーフガード協定に不整合」であった。アメリカが、2000年3月1日に発動した溶接ラインパイプセーフガードの例では、以下の判断が示された：

- 輸入の増加と他の要因を区別して国内産業の損害との因果関係を立証すべきであるにもかかわらず……他の要因による損害を輸入の増加に帰していないことが立証されていない。
- 輸入の増加以外の原因に帰するものも含めた損害を救済する措置を取っており、輸入の増加を原因とする損害のみに限って救済する措置ではない。
- 措置の発表から発動までが非常に短期間[52]であったため、実質的な利害関係国への十分な事前協議の機会が与えられていない。
- 実質的に等価値の譲許その他の義務の維持に努めていない。

ネギ等農産品3品目に対する暫定的セーフガードが、仮にWTO紛争パネルに持ち込まれた場合でも、おそらく同じような判断が下されるであろう。

3. セーフガードと構造改革

セーフガード措置は、一定期間を限って国内産業に構造調整のための猶予を与えるものであり、または、経済全体を通じた価格破壊とデフレ経済の中で、消費者・加工業者・輸入商社に一定の負担を強いるものである。日本農業の構造改革は、生産・流通・消費の各段階で進められている。農水省主導の改革対策では、以下の三つのモデルが提示された[53]。

---

51) アメリカ3件、韓国1件、アルゼンチン1件。
52) 1999年7月29日調査開始、10月28日損害等認定、2000年3月1日措置発動。
53) 農水省資料「野菜構造改革対策の推進状況」を参照。

①低コスト化タイプ：輸入野菜にコスト面で対抗し得るよう，徹底した低コスト化に取り組み，例えば，生産・流通コストの3割程度の削減を目標とする[54]。

②契約取引推進タイプ：実需者のニーズに応えつつ，安定した経営を確保するため，定量，定価，定時，定質による契約取引を継続して行う。低価格での供給に力点を置く場合は，例えば，生産・流通コストの3割以上の削減を目標とする[55]。

③高付加価値化タイプ：立地条件により大幅なコスト削減が難しい産地や都市近郊産地などにおいて，地域特産品種，有機栽培野菜などの高付加価値な野菜生産を行い，コストは現状以下を目標とする。

しかし，セーフガード措置の発動それ自体は産業構造調整の実現を保証するものではない。アメリカの鉄鋼産業に対する保護のように，特にセーフガードが他の恒常的な保護措置と併用される場合には，自己革新努力を促すための「時限措置」としての有効性が低下するのみならず，必要とされる産業構造調整そのものを遅延させるといった例も見られる[56]。各国において，セーフガード発動対象となった国内産業が，発動期間中に進めた構造調整によって，競争力を回復したという事例はおそらく世界中で皆無であろう。

上述のセーフガードの限界から，むしろ構造調整を早期に実現するためには，セーフガード措置を発動せざるを得ない状況を極力生み出さないことが肝要であると言える。これを念頭において，次はセーフガード制度の問題点を指摘し，提案を行いたい。

---

54) 例えばネギ3本一束の価格は，国内産198円に対して中国産は100円。目標とする国内産価格は130円ということで，求められるコスト削減は198円→130円（30%程度減）。

55) 例えば市場経由の流通は，農家→農協→経済連→卸売市場→小売店・加工業者等になるが，農協等と量販店等との直接的な契約取引は，農家→農協等→量販店・加工業者等になる。

56) 『通商白書2002』「構造調整円滑化手段としてのセーフガード」を参照。

4. 問題点の指摘および提案

4.1 対中国経過的セーフガードへの配慮

2001年12月11日，中国は正式にWTO加盟国となった。加盟議定書および作業部会報告書において，中国産品の急激な輸入増による市場秩序の混乱を防止するため，対中国経過的セーフガードが規定された。これはWTOにおいて，特定国の貿易を制限する初めての措置となった。日本国内において立法の手続きが完了し（法律は2月8日に閣議決定，政令は3月29日に閣議決定），2002年4月1日から実施された。

これは，中国のWTO加盟に最後まで反対していたアメリカの繊維業界や鉄鋼業界，労働組合等をなだめるために，中米交渉の最終段階で挿入されたルールなのであるが，加盟後15年という長期間にわたり，中国製品だけに適用されることになる。この制度の持つ貿易秩序形成効果は否定できないが，その発動の判断基準が中国を"原産地"とする貨物"輸入の急増"である点において，貿易摩擦の現状を正確に把握できず，むしろ深刻化させる可能性があることも指摘されるべきである。また，日本の農業関係者を中心にこの制度に強い期待を持つ向きがあるように見受けられるが，貿易政策決定者はこの制度の特殊性・政治性に十分配慮すべきである。

4.2 十分な事前協議の必要性

ネギ等農産品3品目に対するセーフガードが発動された際，日本側統計の輸入急増結果に対して，中国側統計ではむしろ輸出が減少していた。例えばネギについて，日本の統計によると，2000年で37,000tを中国から輸入したのに対して，中国側の統計によると，4,400tしか日本に輸出していない。10倍近い差もあった（「間接開発輸入」の現れ）。しかも中国側が統計の差を作業グループでも作って詰めようと提案したのに対して，農水省は「我が方の統計を信じる」として，その提案を拒否した。

3回目の協議は，農水省松岡副大臣の3月の訪中で行われた。農水省は，「需要に基づく生産」を実現する事で，ネギなどの貿易量を規制することを要求した。これに対して，対外貿易部龍永図副部長は，日中の生産者同士が協議

する方式を提案し，日本の調査結果を踏まえて再度協議を要請した。中国外務省も一週間後の報道で，話し合いによる円満な解決を求める考えを表明した。こうした中国の民間協議の要請を無視して，谷津義男農水大臣は，セーフガードの暫定発動を政府決定とするよう財務，経産両省に要請し，4月に暫定的セーフガードを発動する事に合意した。中国側は，マスコミ・日本の訪中団[57]等に「十分な事前協議がなされていない」と頻繁に不満を表明した。日中両国間の不必要な貿易摩擦を軽減する為に，貿易早期警報システムおよび十分な事前協議が必要であろう。

4.3 中立的調査機関の設置

ネギなど農産品に対するセーフガードの発動には，農家・農林族・農水省の間での利益の一致がみられた。これは日本政治における「鉄の三角形」理論で説明できる。7月の参議院選挙に危機感を抱いた農林族議員は農村票の取り込みに向けて当初から活発な活動をみせた。生産者団体も「先生たちが本気でやってくれる参院選前に，どうにか（セーフガードを）決定してほしい」と述べ，議員たちが自民党の部会で農水省の事務方に「やる気がないじゃないか」と怒鳴る場面もあった。農家・農林族議員・農水省三者の間でお互いの利益のために協力が行われるという点が，農水大臣がセーフガード発動に踏み切った理由であると説明できる。

暫定的セーフガードが200日間で終わり正式発動に至らなかったのは，「鉄の三角形」勢力の強い圧力活動にもかかわらず，自動車等産業界の反発や中国首脳の外圧もあって，小泉内閣が合理的な決断を下したからであった。日中合意後に，小泉首相から「長期的な視野に立った日中間の友好関係の促進，日中経済の更なる発展の観点から……3品目の秩序ある貿易を長期的に維持すると共に，産地の構造改革が着実に進展するよう全力を尽くす」とのコメントがあった。

セーフガード濫用を防ぐ為に，該当産業を管轄する省庁で被害調査を行うのではなく，被害状況や利害関係者の意見を十分に吸い上げる「中立的な調

---

[57] 対外貿易部の安民副部長と「日本国際貿易促進協会」訪中団（桜内義雄団長）の協議。

査機関」が必要であろう[58)]。高速道路事業の構造改革は道路議員に任せるより中立的な委員会の意見で行う方が，効果が大きいのと同じである。もちろん，農林族議員・官僚から権限を取り上げて，「中立的な調査機関」に委託すること自体に抵抗が予測されるため，さまざまな困難に直面せざるを得ないことも念頭に置かねばならない。

4.4 構造調整の事前約束

　ネギ等農産品の構造調整は，少なくともセーフガードの発動までは議題にもならなかった。武部勤農水相は4月の就任記者会見で農業の構造改革を強調したに過ぎず，具体的な改革案を提示しなかった。農水省はセーフガードを発動してから2カ月後の6月に，ようやく3品目について国内体制改革の展開の方向と対策を公表し，8月末に構造改革の具体的な対策を公表して，産地構造改革に取り組み始めた。

　タオル業界も同じ時期に経産省にセーフガード発動を申請した。しかし農産品の場合とは対照的に，経産省の繊維課長など職員は，愛媛県今治地域などを視察に訪れて業界関係者と懇談し，セーフガード発動の前提として大胆な構造改革の実施を求めた[59)]。セーフガード措置は，恒久的な産業保護措置ではないので，生産者は事前に構造調整を約束した上で，ないしは，事前に構造調整のメニューを提示した上でそれを要求すべきであるというのが経産省の主旨であった。農業の構造改革を促進する為に，工業品と同じように構造調整の事前約束を要求すべきであろう。WTOのセーフガード協定では，セーフガードを最初の4年間から更新してさらに4年間追加するための条件の一つとして構造調整の実績を要求している。

　上で見たように，中国からの輸入急増は，日本商社（台湾・香港系企業と連携して）による「間接開発輸入」が主要な原因であった。また日本→台湾・香港→中国というトライアングルの技術移転パターンは，両国貿易統計データの大きな違いを作り出した。ここまで，こうした日中貿易の特殊性に配慮す

---

58) 岩田伸人前掲論文。
59) 『日本経済新聞』2001年4月29日記事。

るという観点から，「原産地」を基準とするセーフガードの限界を指摘してきたが，次は日中貿易摩擦解決モデルの考察に移りたい。

第3節　民間団体主導の官民協議が成功モデルになるのか

　セーフガード措置には，日中貿易摩擦の解決に限界がある事を論じてきたが，今回事例の結末である，自由主義と保護主義を超える第三の選択としての民間団体主導の官民協議は，成功モデルになりうるのかをこの節で論じたい。

1. 政府主導輸出自主規制の拒否

　輸出自主規制（VER : voluntary export restraint）というのは，過当競争防止および相手国の輸入制限に対処する為，輸出国が自主的に輸出数量または輸出価格，意匠などを制限する事である。

　戦後貿易の歴史において，日本を代表とするアジア諸国（韓国，台湾など）は，アメリカ，EUなど先進国の圧力に対し，輸出自主規制を繰り返し使ってきた。特に日米貿易において，日本政府・民間業者による自主規制が貿易のあらゆる分野に存在していた。1960年代の「ワンダラー・ブラウス」で知られた綿製品から，その後の鉄鋼，カラーテレビ，自動車，半導体，工作機械に至るまで，この間の経緯は，日本側自主規制の歴史と言える。

　輸出自主規制は，1994年までのGATT時代には，"灰色"措置であった。しかし1995年1月に発足したWTO協定によって，明確に禁止されるようになった。ではなぜ日本側は自主規制を要求したのか。平成13年3月28日の関税・外国為替など審議会関税分科会特殊関税部会の記事録によると，当時中国がWTO非加盟国であったこと[60]が一番の理由と思われる。

　なぜ，中国側は上述のように政府輸出自主規制を最後まで強く拒否したの

---

60) 中国が正式にWTOに加盟したのは2001年12月11日。

1.1 他業種への波及懸念

日本の繊維産業，割り箸，自転車など20種程の業界が，輸入急増によって被害を被っているとの認識の下，政府にセーフガードの発動を求めたが，このような状況の中で，中国政府はこうした動きが他業種へ波及することを強く懸念していた。ネギ・生しいたけ・畳表3品目に関して，政府主導の輸出自主規制を承認すれば，順次他の業界にまで拡大する恐れがあり，従って，波及を阻止する為に断固としてこれを拒絶し，強い姿勢を見せる必要があった。

1.2 貿易摩擦対応の成熟化

1980年代後半，欧米との貿易摩擦において，中国は様々な分野において自主規制を余儀なくされてきた。その原因としては，当時のGATTにおいて，自主規制が灰色措置であり，明確に国際社会で禁止されていなかったこと，および，当時の中国は貿易摩擦に対して余り経験がなかったため，対応策が未熟であったことが挙げられる。だが1990年代に入り，中国と欧米との貿易摩擦がより頻繁になると，中国では，国内立法，首脳外交などを通じて，アンチ・ダンピング調査，報復関税，セーフガード発動など，WTO協定に基づく法制化（国際スタンダード化）の整備が行われた。そして，政府主導輸出自主規制に関しても，WTO協定違反を理由に激しく抵抗するようになった。特に2001年12月のWTO加盟後，この傾向はさらに強くなる可能性がある。

2. 貿易交渉難航の原因

なぜ暫定的セーフガード問題における貿易交渉が難航したのか，その原因には以下のようなものがあろう。

2.1 相手国の立場への配慮の欠如

両国は双方ともに，相手国の立場を理解し，認めようとしなかった。日中の貿易統計データに明らかな違いがあるにもかかわらず，日本の農水省は「我が方の統計を信じる」と言い張り，また，中国の対抗措置に対して日本交渉団は「（対抗措置は）WTO セーフガード協定にもなく，日本として到底受け容れられるものでない」ことを主張し，「正式セーフガードの発動を検討中」と牽制した。他方，中国の国内世論においては「ネギなど農産品の大量輸出は日本商社による開発輸入であり，日本の国内問題である」，「中国野菜の比較優位により，日本農業が競争力を失って国際市場で失敗したに過ぎない」などといった意見も見受けられた。中国では，貿易摩擦が一種のナショナリズムを喚起し，「ネギ対車貿易戦争」といった標語がインターネット上で頻繁に見られた。

2.2 基本的なニーズと原則

日本の農水省は，「需要に基づく生産」を実現するために中国政府主導の自主規制を求めた。他方，中国対外貿易部は，「需要に見合った生産」を実現するために日中の生産者同士が協議する方式を提案した。このように，明らかに両方の基本的なニーズ（目的）が一致していた（「需要に基づく生産」＝「需要に見合った生産」）にもかかわらず，協議は農水省の自主規制要求と対外貿易部の自主規制拒否という相容れない原理的主張のぶつけ合いに終始した。自動車3品目に対する対抗措置が実施されてからは，協議において双方ともにますますその原理に固執した。日本側は対抗措置を WTO 協定違反と非難し，その撤回を求め続けた。これに対し，中国側はセーフガードを撤回しない限り対抗措置を続けると主張して，セーフガードの撤回を求めた。お互いの立場を理解しようとせず，双方の原理的主張だけを強調したことが交渉を硬直させ，その難航を招いたと言えよう。

3. 民間レベル輸出自主規制の実効性評価

前節では政府間の貿易交渉が議論の硬直化を招いて交渉が難航したことま

でを述べた。本節では前節を引き継いで貿易交渉の過程を実証的に追っていくが，特に日中双方の交渉の争点となり，最終的にはそれが認められて交渉妥結のきっかけを与えることになった「民間レベル輸出自主規制の実効性」という概念を鍵に検証を進めていきたい。

3.1 中国側民間団体による輸出自主規制

中国食品土畜進出口商会（農産品生産者協会，以下では「食品商会」と略記)[61]は，中国の市場経済化に伴って行政機関から民間団体に移行した団体であり，民間生産者の利益を代表して輸出入貿易の経営秩序を維持することを目的とし，輸出入商品の価格調整，市場および取引先の協調形成を図っている。その組織および執行制度は「準政府」的な機能を持っており[62]，例えば農産品の割当管理，ダンピング調査，企業の処罰などを行い，公的組織に準じる強い拘束力を有している。

食品商会は2001年11月に，生しいたけの対日輸出数量と価格の自主規制を決めた。同商会の理事会で

①11月と12月の輸出量を過去3年間の同期の平均輸出量以下とする
②対日輸出する生しいたけの最低価格を1tあたり2,300ドル（当時の為替レートで換算すると，約29万円）とする
③生しいたけの品質管理を厳しくする
④規制を守らない業者は処罰する

と決定し，全国の関連業者に通告していた。ネギの対日輸出についても同じような動きがあった。

3.2 民間レベル輸出自主規制が行われた理由

暫定的セーフガードが発動された期間に，日本の消費者・輸入商社・スーパーなど小売業者も一定の損害を被ったが，中国農業生産者の被った損害が最も大きかった。中国において既に飽和状態になっている野菜の国内市場は

---

[61] 中国食品土畜進出口商会ウェブサイト，商会簡介を参照。
[62] 胡寧生 (2000)，151頁。

日本向け商品を受け付けなかったのである。

　日本は中国にとって農産品輸出の主要相手国であり，特にネギ[63]・生しいたけ・畳表の3品目は，全て日本市場向け商品として開発生産されたものであって，国内消費および日本以外への輸出は想定されておらずほとんど不可能である。従って，今後も日本市場へ継続的に参入するために，輸出価格および数量の自主規制が戦略的対策として採られたものであった。近年の欧米などの頻繁なアンチ・ダンピング調査に対しても，一方では積極的に応訴しながら，他方で商会が輸出自主規制を行うといったことが行われてきた。

　食品商会が日中両政府交渉中に生しいたけの自主規制を決めたことの狙いとしては，次の二つが考えられる[64]。一つには，日本業界に対して中国業界が自主輸出数量規制を行い，輸出価格を高くする用意があることを示す積極的な姿勢を見せ，両国政府間交渉に妥結の道を開くことであり，もう一つには，中国国内産地に対してしいたけ栽培の盲目的拡大の傾向を適切に抑制するようにメッセージを送ることであった。

3.3　民間レベル自主規制の結果

　生しいたけの輸入統計から分かるように，セーフガード正式発動措置が見送られる2002年度においては，暫定的セーフガードが実施された前年度よりも日本の輸入量が22.5％減少し，民間レベル輸出自主規制の実効性が証明された（図1.2）。また平均輸入価格は2.8％上昇し，日本市場での価格暴落を防ぐ役割を果して，間接的に日本農家の収入確保に貢献した。他方，対日輸出最低価格設定によって，中国生産者純利益の増加をもたらすという結果ももたらしたのであった[65]。

　食品商会の行動は，日本農家が国際競争において置かれた状況を理解し，日本農家が輸入急増によって被る損害の回避が必要であることを認めて，「需

---

63) 日本消費者の好みにあわせて生産された「日本型ネギ」であり，中国現地品種より白い部分が長くて甘みがある。ほとんど日本市場へ輸出される。
64) 中国食品土畜進出口商会茶土部主任龍学軍へのアンケートによる。
65) 経済学的に言うと，これは市場原理に反し，消費者の損失（消費者余剰の減退）をもたらすことになる。

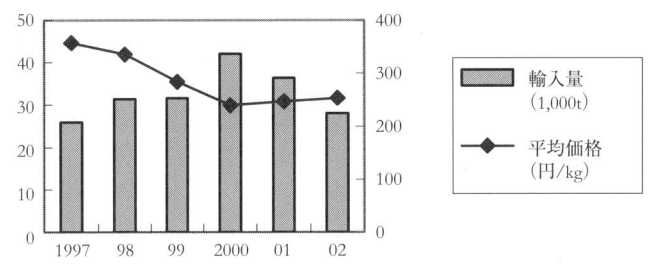

図1.2　生しいたけの輸入統計
注：1997～2001年の税関コードは0709.51-020；2002年は0709.59-020
出所：財務省貿易統計により筆者作成。

要に基づく貿易」を数量および価格の点で実現しようと試みたものと言える。暫定的なセーフガードが切れた11月8日以後もモニタリングが継続され，毎週3品目の輸入数量を公表することになっていたため，食品商会の自主規制の結果はすぐに日本側に伝わった。「民間の合意では実効性がない」と主張し続けた農水省もこの事実を認め，12月18，19日の次官レベル協議において，ネギなど3品目の生産計画について日中両国の民間生産団体・民間貿易団体が共同で取り決める協議機関を2002年初めに新設する方向で同意した。

　利益・損失の規模が明らかになったことも，貿易交渉の内容を硬直した原理原則の主張から基本的なニーズの相互表明へと戻すのに貢献した。2000年度のネギなど3品目の日本側輸入額は240億円であるのに対して，自動車など3品目の中国側輸入額は670億円でその2.8倍になる。追加徴収される関税額を試算すると，日本側のネギなど3品目では約190億円になり，中国側の自動車など3品目では，100％特別関税のため，輸入額と同じ約670億円となって実に3.5倍である。また対抗措置の特別関税によって「将来的に4,200億円の輸出機会が失われる」とした自動車産業界の試算さえあった。原理原則 ―― セーフガードの本格発動および対抗措置の継続 ―― を放棄しない場合には，双方に不利益をもたらす結果になることが明らかであった。お互いに相手国の立場を理解し，相互のニーズに基づいて解決策を探ろうとする姿勢が生まれたことで合意が達成され，貿易交渉の決裂を避けることができたと言えるだろう。

4. 民間団体主導の官民協議の試み

　日中農産品貿易協議会の設立で交渉への参加アクターはそれまでの政府関係者のみから民間団体主体へと大きく拡大された。両国政府関連省庁が中心だった協議は，生産者・輸出入業者が中心となり，政府関連省庁がオブザーバーとして参加する方式になった。また，ネギ，生しいたけおよび畳表の輸入業者が組織され，2002年1月にそれぞれの輸入協議会が設立された[66]。多元的な利益団体の情報・意見共有により，完全に納得できる解決方法に向けて透明性が保たれるようになった。特に輸入団体の利益は消費者の利益とある程度一致しているため，その交渉への参加によって，より自由貿易に近い結果をもたらすことができる。

　数回の協議会[67]の開催によって，お互いの利益・損害・確保したい成果について明確化がなされた。日本農家は輸入急増によって経営が悪化したことを受け，所得を確保できる解決策を求めた。特に2000年のような輸入が続けば，国内市況の下落や輸出価格の低下を招き，日中双方の不利益となることを主張した[68]。中国の食品商会は，生産者と輸出業者両方の利益を代表し，安定した日本市場へのアクセスを求めた。彼らもまた，貿易摩擦が生じると日中双方の不利益をもたらすことを主張した。このように，双方の不利益を避けるべきという共通認識の下で，市場の需要，産品の品質，生産量，価格等の情報を交換し，交流を通した信頼醸成が行われたのであった。

　両国の農産品生産においては実はある種の「すみわけ」が成立していた。生しいたけを例に単価別割合表 (図1.3) を見ると，国内出荷はA級品が53%を示しているのに対し，輸入業者はA・B・C級品がそれぞれ約30%ずつの割合になっていて，両国の生産品はある種の棲み分けがなされていて，対立的ではなかった。

---

[66] 経産省資料「ねぎ等3品目に係る輸入業者団体の設立について」を参照。ねぎ輸入協議会 (2002年1月22日現在, 会員61社)；生しいたけ輸入協議会 (2002年1月22日現在, 会員55社)；畳表等輸入協議会 (2002年1月22日現在, 会員72社)。

[67] 2月は上海，3月は北京において，7月までに計4回開催された。

[68] 農水省資料「ねぎ等3品目に係る第一回日中農産物貿易協議会について」を参照。

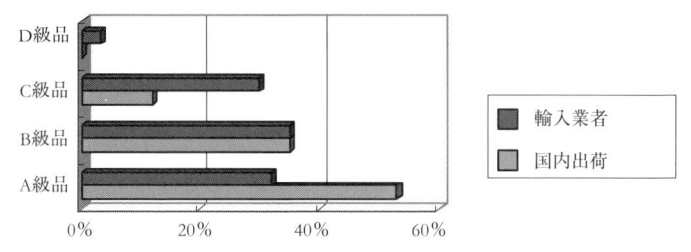

図 1.3　平成 12 (2000) 年生しいたけの単価別割合

注：A級品（国内産の卸売価格帯 900 円/kg 以上に相当）；B級品（600 円/kg～900 円/kg に相当）；C級品（300 円/kg～600 円/kg に相当）；D級品（〃 300 円/kg 未満に相当）
出所：農水省国際調整課資料より筆者作成。

　具体的な解決策が採用される上では両国がともに利益を得る効果があることが必要であった。第 1 回日中貿易協議会で中国側から「自主的な管理措置の効果的な実施」という考えが示された[69]。この「自主的な管理措置」とは，最低輸出価格の見直しと運用の厳格化，優良企業の推薦，秩序ある貿易を阻害している委託販売の防止を含意している。後の協議会でさらに信用状による支払方式，お互いの優良企業推薦名簿の提出[70]についても互いに了解するに至った[71]。また，最低輸出価格の見直しは，日本市場における価格下落を防止して農家の所得を確保すると同時に，中国生産者・輸出業者にも利益をもたらすものであった。さらに，計画的な生産・貿易は，中国生産者・輸出業者にとって安定した日本市場へのアクセスを可能にすると同時に，輸入急増を防止し，高齢化が進む日本農家の雇用を確保する効果があった。

　対中国経過的セーフガード制度の存在により，協議の実施結果を正確・迅速にチェックできるシステムも確保されている。この制度はその特殊性・政治性を考慮して，発動する際には政策決定者が慎重に対応すべきものであるが，この制度の存在自体が中国側の自主的な管理措置実施に対して一種の潜

---

[69] 農水省資料，同上。
[70] 信用状は，貿易取引の契約が決まった段階で開設されるため，計画に基づく貿易効果がある。また，優良企業推薦名簿の存在により，全体の貿易量を管理しやすくなる（一種のカルテル）。
[71] 中国食品土畜進出口商会茶土部主任龍学軍へのアンケートによる。

在的監視効果を果たすことの意義は否定できない。またこの制度の存在は，日本農家の中国側に向けられた「自主的な管理措置の効果的な実施」に対する不安を取り除く効果も持っていよう。

民間団体主導の官民協議は，国際競争によって農業の構造調整を促進する効果をも合わせ持つ点で，単なる一国の政策としての保護主義より優れていることは言うまでもないが，それだけでなく，以上の分析から明らかなように，両国間の貿易を円滑化し摩擦問題の発生を未然に防ぐ効果を有し，また日本国内においても高齢化が進む農家の雇用を確保する効果をも果たし得たのであった。こうした新モデルは自由貿易よりも時に優れていると言わなければならない。

民間団体主導の協議が，貿易摩擦問題の発生防止にも有効であることは，ショウガ，ニンニク，ワカメ，ウナギ，割箸などの産業における協議の成功例が示している。これらの業界もセーフガード発動を要請したが，結局，民間協議による解決策を模索し貿易摩擦を回避したのである。

補論　構造調整という条件への留保の必要性

先に，民間団体主導の官民協議は，貿易摩擦を解決する上で極めて有効な方途であることを示唆した。しかし，これが生まれた経緯を考えるならば当然明らかなことであるが，「対症療法」的解決モデルであることは免れない。民間協議は，組織された利益団体間における利害調整プロセスに過ぎず，このプロセスの中では日本における総体的な消費者の利益が見落とされる傾向は否めない。全体としての消費者利益と社会厚生を向上させるためには，いわゆる斜陽産業（この場合は農業）をできるだけ効率化するような産業調整が必要であることは言うまでもない。民間団体主導の官民協議によって妥協が生まれ，それが斜陽産業に時間的猶予を与える効果を持つことは必要であるし，またこのことは官民協議の非常に重要な存在意義のひとつであるけれども，しかし，そのことは何ら構造改革の主張の必要性を弱めるものではない。国内における構造改革を円滑に着実に進めることにコミットこそすれ，

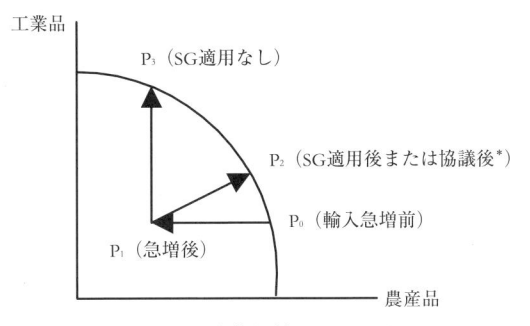

図1.4 産業調整のイメージ

注：「または協議後」は筆者追加。
出所：岩田信人「我が国のセーフガード制度の問題と提案」

改革の流れに反するようなことがあってはならない。

図1.4は産業調整のイメージを表している[72]。ここでは，国内経済を単純化してそれを工業部門と農業部門の二つで構成されるものと想定している。縦軸に工業産品，横軸に農産品の生産量をとる。生産可能性曲線上の生産点 P_0 は，輸入が急増する前の双方の生産量の組合せを示している。同種の農産品の輸入急増によって，農産品の国内生産量が減少すれば，生産点は P_0 から P_1 に移動する。自由貿易主義（セーフガード措置も二国間協議も行われない場合）に従えば，当該国内産業は生産の減少分を回復することはなく，生産点は P_3 に移るとされる。P_3 が示す状態のように工業品の生産が増加して，全ての雇用が確保されるならそれはそれで望ましい帰結であろう[73]。しかし昨日までネギを作っていた高齢の農業従事者が工業品の生産に明日から携わることができるであろうか —— もちろん「明日から」というのは言葉のあやに過ぎないが，常識的に考えて1年や2年といったスパンで考えても結果は同様である。大量の失業人口（他の産業に移転できない農家の人々）の発生が社会問題となろう。

民間生産者団体協議によって，当該農産品の日本国内生産量は回復に向かうことになるが，その目指す点が P_0 への復帰だとすればそれはナンセンス

---

72) 岩田伸人（2001），12月号。
73) 自由貿易主義者が一番望ましい結果と主張している。もちろん食料自給率を重視する見方によると望ましくない結果である。

である。目指されるべきはP_3とP_0の間，例えばP_2である。それはP_0と比べ，農産品の生産を減少させ，工業品の生産を増加させる産業調整がなされ，かつ貿易摩擦を回避し農家の雇用問題が解決された状態である。

　しかし，P_2の状態においてもまだ隠された問題がある。それは，民間生産者団体主導の協議には規定されたメカニズムとタイムリミットがないため，当該国内産業が安易に保護され，セーフガードが発動される場合以上に構造調整を遅らせる恐れがあることである。アメリカの自動車産業・鉄鋼産業が非効率性を改善することなくそのままに保護され続けて来たことなどはその一例と言えよう。

　日本農家としては，中国の生産業者と十分に協議して輸入急増と大幅な価格下落を防ぐという方策をとることは必要であるけれども，同時に，それだけに頼ることなく，機械の導入や産地の連携など，日本農業それ自体の競争力を回復させるような構造内部における変革を迅速に行わねばならない。民間レベルの協議は国内における構造改革と当該産業での構造内部の自己変革の両方があって初めてその真の意義を発揮できるのである。

第2章

アメリカ・EU・中国の鉄鋼セーフガード措置—事例研究②

第1節　分析枠組

　世界的な鉄鋼過剰生産，アメリカ国内の景気減速などに起因するアメリカ内鉄鋼産業の不振を受けて，アメリカ内産業界で鉄鋼産業に対する包括的な救済策を求める声が高まった。これに応えて2002年3月5日，ブッシュ大統領は米通商法第201条（セーフガード措置）に基づいて輸入鉄鋼製品に対する高関税賦課を柱とする国内産業救済措置を決定し，同年3月20日，鉄鋼製品14品目に対するセーフガード措置（以下，アメリカ鉄鋼SGと略記）が発動された。

　これに対し，EUおよび日本・韓国・中国等国と地域は共同でGATT第22条協議を行ったが，アメリカから問題解決に向けた十分な回答が得られなかったため，世界貿易機関（WTO）紛争処理手続に基づき，パネル設置要請を行った[74]。さらに，EUと中国は同措置の撤回に向けWTOに提訴するとともに，同措置によってアメリカ市場を締め出された同国向け輸出製品の自国（域内）市場流入による自国鉄鋼産業への被害が懸念されるとして，対抗してセーフガード措置（以下，EU鉄鋼SG，中国鉄鋼SGと略記）を発動し

---

74) 紛争処理についてのGATTの基本的な考え方は，紛争は当事国の話し合いによって解決すべきだというものである。一方の当事国から話し合いの申し出を受けた場合，もう一方の当事国はこれを受けなければならない（第22条，第23条第1項）。

た。これに続いて、ハンガリー、チリ、ポーランドも続々とセーフガード発動に踏み切り[75]、ブルガリア、チェコもセーフガード調査[76]開始を発表した。

　各国の鉄鋼SG発動をめぐっては、保護主義の連鎖に原因を求めるのが一般的である[77]。これには多元主義的な政治過程論、とりわけ官僚政治モデルとその修正モデルによって説明が与えられている[78]。このモデルでは、先進国における斜陽産業たる鉄鋼産業に対して、この場合鉄鋼産業はその生産効率の低下によって国際競争力を失いつつあったが、これに対して当該産業における利益団体が政府・議会にロビイング活動を通じて保護を求め、それが保護主義的な鉄鋼SGをもたらしたと説明する[79]。これはアメリカ・EUの鉄鋼SG発動の背景をうまく説明しているが、中国など発展途上国の鉄鋼セーフガード発動について説明を与えていない。本章では分析の対象を中国に絞ってこれに説明を与えることを目指すものである。そもそも中国においては、経済の持続的成長並びに強力な内需拡大政策の下で近年鉄鋼および同製品の生産量が急増し、1996年から粗鋼生産量は世界第1位になっており、そこでは鉄鋼産業は衰退産業どころかまさしく発展産業である。さらに中国は漸進的民主化[80]が進行中とはいえ、いわゆる民主主義的政治システムを持った国家ではないので、政策アウトプットにおける利益団体の影響を先進国同様に評価することはできない。

---

75) ハンガリーは2002年6月3日から2002年12月2日まで暫定的セーフガード措置をとった。同様にチリは2002年7月16日から1年以内の、ポーランドは2002年8月19日から200日以内の暫定的セーフガード措置をとった。

76) ブルガリアは2002年7月8日、チェコは2002年8月28日に調査を開始した。

77) 例えば『日本経済新聞』(2002.5.24)「世界的な保護主義の連鎖による自由貿易体制への悪い影響が懸念される」という記事。平沼経済産業大臣は「心配していた各国のセーフガードの連鎖。保護主義圧力が強まると懸念している」と表明した。WTO、IMFおよび世界銀行のトップによる共同声明で、鉄鋼SGにみられる増加する保護主義への懸念が表明されていた。

78) 大矢根（2002）19頁。

79) 野林（1987）などを参照。

80) 唐亮（2001）；韓冬雪（2003）「中国公共政策の決定過程」足立・森脇編、192頁などを参照。

「保護主義の連鎖」という問題 ―― グローバルな鉄鋼貿易摩擦 ―― の解決策を多くの国は WTO 紛争処理メカニズムに求めた。EU および日本・韓国・中国・ノルウェー・スイス・ニュージーランド・ブラジルといった各国の要請によってパネルが設置され，現在は上述の 8 つの国と地域が申立国となる単一パネルで審理が進められている。こうした現実に合わせて多くの論者[81]が，WTO 自由貿易レジームを重視し，その結果このレジームは分析上の前提になっている。すると，議論の結論としては保護主義を自由貿易レジームに反するとして規範論的な立場から批判するということになるわけであるが，しかし，かといって自由貿易レジームが，現実の貿易摩擦問題を全て効果的に解決できるわけではない[82]。SG 発動・アンチ・ダンピング（AD）提訴が濫用されていることを考えると，WTO ルールが貿易摩擦を積極的に作っている側面も否定できない。こうした事情を考えるならば，貿易に関わる政策学は自由貿易主義をアプリオリに掲げてそれを阻害する要因を挙げて糾弾していけばそれで役目を十分に果たしている，という姿勢に甘んじるべきではない。政策学は最も現実に肉薄し，そして現実に資するべく方法の点でも洗練される必要がある。当然ながら，まずは実証的に自由貿易主義やほかの政策理念やイデオロギーが現実においていかなる形で存在し，それが組織あるいは国家をどう動かしたのか，あるいは逆に組織や国家はそうした「アイディア」をどう受容しどう作動させたのか ―― 実際にどう理解し，解釈し，利用したのか ―― を検証する作業を行うことになろう。

　本章はその方法論的ケーススタディとして中国鉄鋼 SG 発動の原因の解明を政策アイディア[83]の次元に着目して試みるものである。中国は WTO 加盟を機に「法制化・国際スタンダード化」という政策アイディアを提唱したのであった。ここで「法制化」というのは国内法制度を整備することを指し，「国際スタンダード化」というのは，自国の経済の成長に応じて，それに見合う形で先進国を主体とする国際組織のルールに従っていくという意味を持

---

81) 例えば，ポーガン・アンド・ハートソン法律事務所　リチャード・L. A. ウェルナー・牧原秀樹（2002）；Van Bael & Bellis 法律事務所（2002）など。
82) 大矢根前掲書，16 頁。
83) 大矢根前掲書，17-21 頁，33-35 頁を参照。

つ。中国政府は開発主義に基づき，輸出促進と産業発展を目標として掲げ，特に 2001 年 12 月 WTO 加盟以後,「法制化，国際スタンダード化」の理念の下に，国内企業の SG 発動要請・AD 提訴を奨励した。企業団体および個別民間企業は，政府の行政指導に従って救済措置を求めたのであった。中国の官民関係は，日本経済急成長期における元通商産業省の業界に対する行政指導と同じように，協調的かつ緊密であった。

さて，鉄鋼 SG は，中国にとって初めての SG 発動であり，アンチ・ダンピング損害認定も WTO 加盟後急速に増えた。ところで，この鉄鋼 SG 問題では多くの国の要請に応じて WTO でアメリカ鉄鋼 SG を審理するパネルが設置されたのだが，この場合結論が出る（パネルまたは上級委員会報告の採択）までに少なくとも 1 年半の時間を要する。そしてこの間にグローバルな貿易摩擦はさらにエスカレートしたのであった。世界経済が日々ダイナミックな変動を見せる中，こうした長期間の審議に問題の裁定を委ねてしまう WTO の枠組においては，このように実質上罰則がないと言える事態が現出するのであって，これは SG 発動・AD 調査の濫用をもたらす一つの原因と考えられる。WTO 紛争処理メカニズムは一例を挙げてもこのような限界を有しているのであって，それは他の国際社会のアクターによって補完される必要が当然ある。この「補完」の好例として本書では「日中官民鉄鋼対話」（および官民協議）に着目する。それは WTO の枠組を補完し，両国の利害得失を一定の水準でバランスさせる秩序維持の役割を果たしたのであった。以下では鉄鋼 SG に関する貿易交渉について順を追って細かく押さえていくことにしよう。

第 2 節　鉄鋼業・鉄鋼貿易

1. 鉄鋼貿易摩擦の歴史・概観

鉄鋼は「産業のコメ」と呼ばれる。それは近代工業の基盤となる社会資本の整備や，産業革命の担い手であった機械工業の発展を図るに当たって，素

材としての鉄鋼製品の供給は不可欠の条件だったからである。産業革命をリードしたイギリスを始めとして，欧米主要先進工業国にとっても鉄鋼業の発展は工業化の推進力であった。

1.1 「超鉄鋼大国」アメリカ（1950年代まで）

19世紀末にイギリスを抜いて世界最大の製鉄国となったアメリカ鉄鋼産業は，第2次世界大戦で他の主要製鉄国が疲弊したことと相まって1950年代には黄金時代を謳歌し，世界に冠たる地位を誇った。1955年の世界粗鋼生産高は約2億7,000万tであるが，アメリカはその4割（約1億t）を生産していた[84]。製造技術の面でもまさに「鉄鋼超大国」と呼ぶに相応しかった。

1.2 日欧の台頭と対米輸出自主規制（1960年代〜1970年代前半）

1959年を境にアメリカは鉄鋼輸入が輸出を上回る純輸入国に転じた。1959年の輸入は340万tであったが，1968年には1800万tになり，10年間で5.3倍に増加した。その原因はアメリカ鉄鋼産業の競争力低下と日欧のアメリカを脅かし得るだけの急成長に求めることができる。60年代以後，日欧から大量の鉄鋼および鉄鋼製品がアメリカ市場に流れ込んで，鉄鋼貿易は先進国間の水平型貿易へと変化していった。日本の輸出志向[85]に対して，欧州は伝統的輸出市場でのシェアの維持を目指した。

日米欧それぞれは大規模な設備投資を図り世界的な設備過剰状態が引起されたため，価格競争は激化し鉄鋼貿易摩擦を引き起こした。

日本は最重要な輸出先であるアメリカ市場を長期的且つ安定的に確保するために，輸出自主規制を繰り返すことになった。続いて貿易摩擦が活発になると，日欧は実効性を求めて，「アメリカ政府が3年間の猶予を与えればア

---

84) 野林 (1987), 3-6頁。
85) 1953年から1972年，日本の粗鋼生産量は770万tから9700万tへと12.6倍も伸び，世界平均伸び率の5倍近くに達した。日本の全世界向け商品輸出額に占める鉄鋼の割合は1958〜60年（平均）が9.1％，61〜65年（同）が12.8％，66〜70年（同）が13.6％と上昇した。65年をみれば鉄鋼輸出は日本の輸出品目の第1位（15％）であった。

メリカの鉄鋼業界の合理化が進み，国際競争力がつく」と判断し，3年という自主規制（第1次日欧自主規制）期間を設定したのであった[86]。その後，規制はさらに強化され，3年延長（第2次日欧自主規制）されることになった。ちなみに，今日振り返るならば，それから30年以上経ったにもかかわらず，その間アメリカ鉄鋼業の国際競争力は改善されたことがなく，世界で最も不効率な産業の代表例とされている[87]。

1.3　新興鉄鋼国の産業発展とOECD鉄鋼多国間協議枠組（1970年代後半〜1980年代初期）

第1次石油危機の発生は先進国鉄鋼業を深刻な経営難に陥れるとともに，アメリカ市場の争奪をめぐる価格切下げ競争をもたらした。日米欧を核とした先進国鉄鋼業が直面したのは「構造危機」と呼ぶに相応しいものであった。結果的にアメリカはトリガープライス制度[88]（Trigger Price Mechanism：以下，TPMと略）を導入し，日本の産業優位は更に米欧対立を深刻化させた。

対照的に発展途上国は石油危機の影響が少なく，そのなかでも新興鉄鋼国[89]（newly steel active countries）の発展はめざましかった。市場経済圏に占める新興鉄鋼国の生産割合は1974年の4%から1982年の12%に増加して，その存在を無視することができなくなった[90]。アメリカは鉄鋼SG協定を提案したが，日欧の強い反対に遭い，経済協力開発機構（OECD）での鉄鋼多国間協議枠組（鉄鋼委員会[91]，Steel Committee；以下，SCと略記）の創設へと提案が修正された。発展途上諸国がSCに加盟したことで，このレジームは世界鉄鋼生産・貿易ガバナンスに一定の役割を果たすこととなったが，しかし野

---

86) 野林前掲書，93-123頁。
87) 『2002年版通商白書』要旨（PDF版）39頁を参照。
88) TPMとは，最も効率的な外国（日本）の適正コストに基づくトリガー・プライスを定め，輸入価格がこれを下回る場合には財務省が自動的にアンチ・ダンピング法の手続きを開始するというもの。『2002年版通商白書』要旨（PDF版）39頁参照。
89) ブラジル，メキシコ，アルゼンチン，ベネズエラ，韓国，台湾，南アフリカ諸国の総称。
90) 野林（1987），252-253頁；同（1996），127-136頁。
91) OECD鉄鋼特別作業部会は77年発足，同常設鉄鋼委員会は78年発足，現在に至る。

林が言うように,「鉄鋼レジームは多くの争点を俎上に載せられた反面,具体的な問題解決の成果が少なかった」[92]。その原因は具体的なルール,監視メカニズムおよび罰則がないことに求めることができた。

1.4 グローバル・クォータ時代（1980年代中期〜1990年代初期）

TPM崩壊後に出現したのは米・EC間の鉄鋼取り決め（US-EC Steel Arrangements；以下,「米欧取決め」と略記）であった。この米欧取決めは,TPMよりさらに厳格な数量制限措置であり,米EC間で締結された正式な政府間取決めであった。さらに3年後アメリカ政府は,米欧取決めに類似した二国間数量取決めを20カ国・地域と結ぶことになり,日欧はもとより多数の発展途上国が対象となった。対象国は日欧など先進国,韓国・ブラジルなど中進国[93]に加えて,旧社会主義国[94]も含まれ,「輸入割当のグローバル化」状態を呈したのであった。これは鉄鋼貿易の歴史において,貿易摩擦がかつてないほど深刻化・広範囲化したことの証左でもある。

2. 中国鉄鋼業急成長と世界鉄鋼貿易の現状

2.1 中国鉄鋼業急成長

世界鉄鋼産業が過剰生産能力の削減（人的リストラを含む）を迫られるなど厳しい状況に置かれていることと対照的に,中国では経済の持続的成長と強力な内需拡大政策のもと,鉄鋼業は急成長した（表2.1）。1996年に粗鋼生産量1億tを突破し,世界第一位になった。その後さらに成長は続き,2002年生産量は1億8,000万tに達し,全世界の20.11％を占めるようになった。また見掛け消費量[95]も急速に伸び,1999年アメリカを抜いて,世界第1位

---

92) 野林 (1996), 207頁。

93) 中進国（新興工業経済地域）は次の10カ国・地域をさす。アジアは韓国,台湾,香港,シンガポール。南米はメキシコ,ブラジル。ヨーロッパはギリシア,ポルトガル,スペイン,ユーゴスラビア。

94) ルーマニア,ハンガリー,東ドイツ,ポーランド,中国などを含む。中米取決めは87年に,年別固定数量方式を採用。

95) 見掛け消費量＝生産量－輸出量＋輸入量

表 2.1 主要国の粗鋼生産　　単位：1,000MT

	日本	アメリカ	EU	韓国	中国
1995	101,640	95,195	155,758	36,772	95,360
1996	98,801	95,535	146,602	38,903	101,241
1997	104,545	98,485	159,798	42,554	108,911
1998	93,548	98,658	159,582	39,896	114,588
1999	94,192	97,427	155,081	41,042	123,954
2000	106,444	101,824	163,211	43,107	128,496
2001	102,866	90,102	158,498	43,852	150,871
2002	107,746	92,242	158,869	45,390	181,552

出所：経済産業調査会『鉄鋼統計月報』より筆者作成。
日本は経済産業省，中国は国家統計局，台湾は台湾区鋼鉄工業同業公会，EU は EC 統計局，アメリカは AISI，その他の国は IISI。

表 2.5 主要国の見掛け消費（生産量−輸出＋輸入）
単位：1,000MT

	日本	アメリカ	EU	韓国	中国
1995	90,375	110,915	150,279	41,087	103,404
1996	86,811	117,428	132,526	43,321	113,010
1997	90,613	121,275	150,592	45,576	117,517
1998	72,530	131,317	160,964	29,581	123,438
1999	72,407	124,918	156,766	39,964	135,134
2000	85,031	130,335	165,840	43,882	138,246
2001	78,472	111,816	162,325	42,901	163,351
2002	76,682	116,443		48,761	200,592

出所：表 2.2 に同じ。

になった。2002 年中国の見掛け消費量は，日米両国の合計よりも大きい（表 2.5）。

中国鉄鋼産業の急成長によって鉄鋼貿易構造は大きく変化した。EU[96]

---

96) 便宜上，本章では EU を一つの関税地域として分析している。しかし実際のところ，EU の関税制度は域内，域外，および関税同盟協定などに基づく関税制度がある。域内は無関税自由貿易を認めている。域外は共通関税制度により EU 加盟国は等しく関税率を設定している。関税同盟協定，自由貿易協定，通商経済協力協定などに基づく関税制度は，各地域，もしくは各国との個別協定に基づき関税率を設定している。

表 2.2　主要国の粗鋼輸出　　単位：1,000MT

	日本	アメリカ	EU	韓国	中国
1995	22,988	6,423	20,999	9,528	5,928
1996	20,615	4,564	25,332	10,391	4,215
1997	23,501	5,475	22,273	11,622	4,619
1998	27,649	5,007	18,272	17,638	3,570
1999	28,212	4,923	17,582	14,141	3,680
2000	29,160	5,923	20,524	14,286	6,210
2001	30,479	5,574	19,519	14,499	4,740
2002	36,323	5,451		13,352	5,450

出所：経済産業調査会『鉄鋼統計月報』より筆者作成。中国は中国海関総署，鋼材ベース；韓国は韓国関税庁，全鉄鋼；アメリカはAISI，スチール・プロダクツ；EUはEC統計局，共同体条約品目（鋼管を除く鋼材ベース）；日本は財務省，全鉄鋼。

表 2.3　主要国の粗鋼輸入　　単位：1,000MT

	日本	アメリカ	EU	韓国	中国
1995	11,723	22,143	15,520	13,843	13,972
1996	8,625	26,457	11,256	14,809	15,984
1997	9,569	28,265	13,067	14,644	13,225
1998	6,631	37,666	19,654	7,323	12,420
1999	6,427	32,414	19,267	13,063	14,860
2000	7,747	34,434	23,153	15,061	15,960
2001	6,085	27,288	23,346	13,548	17,220
2002	5,259	29,652		16,723	24,490

出所：表2.2に同じ。

の輸出低迷，韓国の1998年以後の輸出減少などとは対照的に，日本は一貫して輸出増加をみせている。1995年ほぼ同じだった日欧の鉄鋼輸出量は，2002年に日本は約EUの倍になった（表2.2）。EU・中国の著しい輸入拡大およびアメリカ輸入低迷によって，世界鉄鋼市場はアメリカ単一市場から米欧中多元市場へと変化したのであった（表2.3）。1997年までの世界輸出入バランス構造において，日欧の大幅出超・アメリカの大幅入超という特徴が見られたが，1998年以後，日本の大幅出超・米中の大幅入超となった（表2.4）。貿易摩擦に関しては，グローバル・クォータ崩壊以後（特に1995年WTO発

表2.4　主要国の輸出入バランス　　単位：1,000MT

	日本	アメリカ	EU	韓国	中国
1995	11,265	-15,720	5,479	-4,315	-8,044
1996	11,990	-21,893	14,076	-4,418	-11,769
1997	13,932	-22,790	9,206	-3,022	-8,606
1998	21,018	-32,659	-1,382	10,315	-8,850
1999	21,785	-27,491	-1,685	1,078	-11,180
2000	21,413	-28,511	-2,629	-775	-9,750
2001	24,394	-21,714	-3,827	951	-12,480
2002	31,064	-24,201		-3,371	-19,040

出所：表2.2に同じ。

足以後），アメリカにおける頻繁なSG発動，AD・相殺関税[97]提訴が特徴的となっている[98]。

2.2　中国鉄鋼産業の問題点および産業政策

　中国の鉄鋼生産量は世界一の水準にあるが，多くの問題を抱えている[99]。一つ目は品質問題である。製品品種構成をみると低付加価値製品である条鋼類の割合は6割近くを占めている。技術の蓄積と付加価値の度合いを測る指標となる板管比率[100]は，先進国が60％以上であるのに比べて中国は40％程度と低い。二つ目は設備問題であり，非効率的な小型老朽・旧式設備の割合

---

[97] 相手国政府が輸出企業などに対して補助金を出している場合に，その補助金分を相殺するためにかける関税。アメリカの場合は，まず被害を受けた民間企業が商務省に相殺関税の発動を申請。これを受けて商務省が相手国の補助金の実情を調査し補助金の存在を認定するほか，ITCが国内産業の被害状況について認定する。両者の仮決定後に相殺関税を発動するかどうかを最終決定する。発動を決定する際には議会の承認は必要ない。

[98] 例えば，1992年6月に，米鉄鋼メーカー12社，厚板，熱延・冷延薄板，表面処理鋼板の4品目を対象にアンチ・ダンピング，相殺関税提訴（合計84件）；2000年3月に，鉄鋼線材，溶接ラインパイプに対するセーフガード。

[99] 川鉄テクノリサーチ（株）知的財産・技術情報事業部（2002），3-71頁。

[100] 板管比率とは，粗鋼に占める高級鋼材と言われる板類およびパイプ類の比率である。生産に関して言えば，板管比率が高いほど，その国の鉄鋼生産の高度化が進んでいると言える。

が大きい。立ち遅れた淘汰すべき小型高炉，小型製鋼設備，小型の圧延設備やプロセスがまだ相当の比重を占めている。現在の中国鉄鋼設備のうち，将来の国際市場競争下で通用するものは3分の1しかないと言われている[101]。三つ目は構造問題である。大中小規模のメーカーが各地域に分散，重複して建設された。粗鋼年産50万t以上生産した企業数は2001年に58社あるが，そのうち年間700万t以上生産したのはわずかに宝山鋼鉄，鞍山鋼鉄，首都鋼鉄，武漢鋼鉄の四社で，総生産量の27％を占めるに過ぎない。つまり平均的な生産規模が小さく，生産集中度が低いと言える。

　上述の問題を改善するために，中国政府は重点的に構造調整を行う5業界の一つとして，国有企業を主体とする鉄鋼業界を指定している。総量規制と戦略的構造調整・小規模メーカーの閉鎖・立ち遅れた生産設備の廃棄作業は一体のものとして行うとともに，「過剰品種の減産・不足品種の増産」の原則に基づいて設備建設・増強が推進されている。品質，数量ともに著しく不足している薄板類を増産するため設備の建設や改造が重点的に行われている。供給過剰となっている条鋼類は減産が計画されている。産業政策として技術改造プロジェクトに対する優遇貸付制度が設けられており，総投資額506億元，銀行融資279億元にのぼる75の重点プロジェクトがスタートしている。特に上海宝鋼集団，鞍山鋼鉄，首都鋼鉄（首鋼集団），武漢鋼鉄の4大鉄鋼メーカーについては，技術革新を通じて国際競争力を有する鉄鋼メーカーに育成していくための計画が作成され，段階的に実施されている。また企業構造調整の一環として，1998年に中国最大手の宝山鋼鉄を中心に上海宝鋼集団が設立されたのを手始めに地域別統合・再編の動きが活発化している。政府（冶金工業部）は将来的に大手高炉5社を中心に集団化[102]を目指す方針を打ち出している。さらに2001年3月に，上海宝鋼，首鋼，武漢の大手3社は，原材料の共同調達，新製品・新技術の開発，販売など多方面にわたる協調体制に合意するなど地域を越えた戦略的提携を発表した。

　こうした国内状況の中で，中国における諸外国からの輸入増がもたらし

101）同上，5頁。
102）東北グループ（鞍山鋼鉄中心とする），華北グループ（首都鋼鉄），華東グループ（宝鋼集団），華中グループ（武漢鋼鉄），西南グループ（攀枝花鋼鉄）。

た貿易摩擦と呼べるものは，2003年5月現在，計3件あった。2000年に日本と韓国製ステンレス冷延薄板に対するダンピング認定，2002年にロシア，韓国，ウクライナ，カザフスタン，台湾5カ国（地域）製冷延薄板に対するダンピング調査（調査期限2003年9月22日），そして（本書が分析対象としている）今回発動された鉄鋼SGである。

第3節　中国鉄鋼SG発動の原因

1．WTO加盟による法整備・行政処理能力向上

中国政府は開発主義に基づき，輸出促進と産業発展を掲げて貿易大国として成長してきた。その成長の「副産物」として欧米など先進国との貿易摩擦が頻繁になり，AD調査，SG発動などを頻繁に受けることになると，中国は今や貿易摩擦最大の「被害国」にもなっている。2001年12月WTO加盟まで，欧米は中国鉄鋼産業に対して8件のAD調査を行った[103]。対照的に，中国が実施したAD調査は1件しかなかった。貿易関係法律の不備（WTO加盟までSG規則がなかった），行政事務処理能力の限定（AD調査専門職員の少なさ），企業の自己保護意識の低さなどがその原因として指摘されている[104]。

2001年12月WTO加盟の少し前，国務院は「セーフガードに関する規則」（以下，SG規則と略）を公布し，これは2002年1月1日に施行された。この規則に基づいて，旧対外経済貿易合作部[105]（以下，対外貿易部と略）は輸入量が増加したかどうかを調査し，旧国家経済貿易委員会（以下，国家経貿委と略）とともに，この輸入増加と国内産業への損害との間に因果関係があるかどうかを判定する責任を負うこととなった。5月20日，対外貿易部は初め

---

103) 于永達（2001），285-294頁。
104) 于永達，同上，326頁。
105) 2003年3月，第10期全国人民代表大会（全人代）において，政府機構改革が承認された。これにより，対外貿易部に，国家経済委員会の一部が統合される形で，新たに商務部が設置されることとなった。

ての鉄鋼 SG 調査に着手した[106]。

　SG 規則施行と同時期に，国務院は新しい AD 規則を公布し，こちらも 2002 年 1 月 1 日に施行された。この規則は，中国の AD 制度において 1997 年に訴訟が持ち込まれて以来適用されていた旧規則に代わるものであった。その後，対外貿易部（新規則の下でダンピングの決定を行う任務を負う）は，調査の開始，質問状，標本抽出，検証，情報開示，公開の情報へのアクセス，価格保証，審理，暫定審査，払い戻しおよび新しい荷送人審査にかかる暫定的手続き規則をいくつか公布した。WTO 加盟までに AD 調査は 12 件しかなかったのに対して，2002 年だけで 9 件の調査が開始された[107]。

　対外貿易部は 2001 年 11 月，国際貿易関係司に代えて，世界貿易組織司（WTO 司）並びに中国政府世貿組織通報諮詢局（通報・照会など担当）および進出口（輸出入）公平貿易局を新設[108]し，AD・SG 調査を活発化するとともに，行政処理能力を向上させることを目指した。ちなみに，この行政処理能力を向上させ，AD・SG 調査を活発に行って国益を保全していく方針は WTO 加盟をにらみ始めて以降，中国政府の一貫した方針となっており，これは今後も継続されていくに違いない。これに対して，日本鉄鋼業界は早期の段階で「（中国）WTO 加盟によって高まったセーフガード，アンチ・ダンピングなどのリスク[109]」を認識していた。

2. 国際スタンダード化

　WTO 加盟を機に，中国は国際スタンダード化（中国語では「与国際接軌」）の理念を掲げた。それには①輸出製品の生産，管理，技術および規格について国際標準に従う，②国内市場を外国投資者に開放する，③国内企業の多国籍化，④国際ルールに基づいて行動する，といった意味が含まれている。貿

---

106) アメリカ通商代表部（United States Trade Representative）(2003), 107–108 頁。
107) 同上，104–106 頁。
108) 『2003 年版不公正貿易報告書』101 頁を参照。
109) JETRO が実施した中国 WTO 加盟の影響および問題点に関するヒアリング。JETRO 資料『WTO/FTA Column』Vol. 013。

易摩擦の分野においては、この国際スタンダード化はある解釈のもとに戦略的に適用されることになる。そこでは欧米など先進国が頻繁に実施するSG発動およびAD調査などが「国際スタンダード」として「認識」され、それらへの積極的な応訴が行われると同時に、国内企業を保護する有効な手段として逆に利用するために、企業団体・個別企業による提訴が奨励されたのであった。対外貿易部関係部門責任者は鉄鋼SG発動に関して次のように説明した[110]。「政府の鉄鋼SG発動は産業戦略である。鉄鋼業は国家の中堅産業であるから、必要な保護措置を取るのも情理にかなっている。これは西側欧米など先進国が日常的に使う手段なのだ……」。

3. 政府による提訴の奨励

　中国政府はWTOのSG規定に基づき、アメリカ鉄鋼SG問題に関して二国間協議を求めた（添付資料「各国鉄鋼セーフガードの経過」を参照のこと）。中国代表団は3月22日協議の中で、中国がアメリカに輸出する全ての鉄鋼製品に発展途上国待遇を与えるよう要求し、またWTO協定に基づいてさらなる措置をとる権利を保留することを明らかにした。中国鉄鋼輸出量は多くはないが、アメリカが主な輸出対象国であるため、鉄鋼産業が直接の損害を受けるだけでなく、アメリカ鉄鋼SGによって国際市場から締め出された大量の余剰鋼材が中国市場に回され、中国鉄鋼製品の国内過剰供給を招く恐れがあった。

　国際経済法専門家[111]は、「ゲームのルール（WTOルール）で自分を守ること」と提案した。他国のAD調査、SG発動など貿易紛争は頻繁に発生しているにもかかわらず、中国企業は自己保護意識が低く、結果的に経済グローバル化は中国企業にとって大きな機会以上に大きなリスクをももたらしていることを指摘した。とりわけWTO加盟以降、国内企業は「ゲームのルール」を守るだけでなく、「それを上手に使いこなせるようにしなければなら

---

110)「鋼鉄断炊到底誰之罪」『中財網』2003年3月29日記事。

111) 魯皮「中国、初めてWTOの規則によって貿易紛争を解決」人民網日本語版ホームページ（http://japan.people.com.cn/）参照、2003年3月5日アクセス。

ない」ことを主張した。

　こうした意見を受けて、対外貿易部の関係部門責任者は次のように説明した[112]。企業がWTOの紛争処理メカニズム[113]を生かして貿易紛争の解決を図ろうとすれば、政府は積極的な態度をとってそれを支持する。よって、外国製品が中国にダンピングする時または他の不公平な競争と待遇に出会った場合、企業は少しもためらわずに政府と企業組織に提訴すべきである、と。

　商務省[114]の公式見解[115]では、以下のように述べられている：

> 企業はアンチ・ダンピング提訴の主体であり、積極的に法律で規定されている権利を利用し、自覚的に自身の合法権益を守るべきである。提訴するかどうかについては、企業が自身の状況に基づいて判断すべきである。ただし、現在、多くの企業は海外ダンピング行為およびアンチ・ダンピング措置に対する認識が不足しており、国内外関係法律規則を熟知・応用して自身の権益を保護するだけの対応能力を十分に持っていない。従って、中国がWTO加盟して間もない本段階において、政府主管部門は企業に対する必要な指導・協調を与えなければならない……。

　ここには、企業の権益を国家がその指導のもとに保全するという、形を変えた社会主義精神が表れていると言える。言い換えれば、中国政府は国際貿易のルールを国益に合うように利用するという先進自由主義諸国同様の態度を（いささかそれとは違った経済形態をとるのではあるが）国家の強い指導のもと、断固打ち立てようとしていると言えよう。

---

112) 同上。
113) WTO紛争処理メカニズムではなく、WTOルールのことを指していると筆者には推測される。
114) 2003年3月、第10期全国人民代表大会（全人代）において、政府機構改革が承認された。これにより、対外貿易部に、国家経済委員会の一部が統合される形で、新たに商務部が設置されることとなった。
115)「如何応対反傾銷」商務省ホームページを参照、2003年4月6日アクセス。

4. 中国鋼鉄工業協会および鉄鋼メーカー

　中国鉄鋼産業は，農産品，繊維・家電製品などの産業とともに欧米 AD 調査を頻繁に受けてきた。2000 年 7 月まで関係金額は 2.8 億ドルにのぼり[116]，外国 AD 調査に対してそれまでの消極的な回避という方針を改め，五鉱化工進出口商会のもとに協調して積極的に応訴するようになった。外国 AD 調査に対し，鉄鋼メーカー（上海宝鋼，鞍鋼，首鋼，安鋼など）は，AD 提訴を通じて最終的にシロ認定（ダンピングなし）結果を積み重ねることで自身の利益を保護できることを認識するに至っている。

　2002 年 2 月 20 日，アメリカ鉄鋼 SG 発動の直前に，上海宝鋼，鞍鋼，武鋼などを代表とする冷延薄板鉄鋼メーカーは，ロシア，韓国，ウクライナ，カザフスタン，台湾 5 カ国（地域）を原産地とする冷延薄板に関する AD 調査を対外貿易部に申請し，同年 3 月 23 日，AD 調査が開始された。

　3 月 20 日アメリカ鉄鋼 SG 発動，3 月 27 日 EU 鉄鋼 SG 発動を受けて，中国鋼鉄工業協会（以下鉄鋼協会と略）および邯鋼，上海宝鋼，鞍鋼，武鋼，攀鋼の 5 鉄鋼メーカーは 4 月 19 日，国家経貿委産業損害調査局に「鉄鋼製品に関するセーフガード調査申請書」を提出した。申請理由は，「鉄鋼製品の輸入急増が，製品価格の下落，企業の収益悪化，国内製品の輸出量減少を招いており，いくつかの企業は経営困難に陥り失業者数が増加するなど，この輸入増加が国内鉄鋼業に甚大な被害を与えていると考えられる。これを食い止めるために急速な対策を打つ必要がある[117]」というものである。中国政府は 5 月 20 日に鉄鋼製品に関するセーフガードの調査（厚中板，薄板類，電磁鋼板，ステンレス鋼板，その他普通帯鋼，普通鋼線材，普通鋼棒鋼類，普通鋼形鋼，継目無鋼管，溶接鋼管，半製品計 11 品目）を開始し，同時に暫定的鉄鋼 SG（救済期間は 5 月 24 日から 180 日間，対象は普通帯鋼，溶接鋼管を除く計 9 品目）の実施を決定した。

　以上の事例から分かるように，中国鉄鋼 SG 発動の原因の一つは，WTO

---

116) 于前掲書，285 頁。
117) 経済産業省資料「中国の鉄鋼製品に関するセーフガード調査の開始ならびに暫定セーフガード措置の実施について」を参照。

加盟による法整備・行政処理能力の向上を背景として，政府の企業に対する提訴の奨励が行われ，鉄鋼協会・メーカーの積極的な応答が起こったことに求められる。すなわち国際スタンダード化という理念の活用（これこそ本章が着目する政策（的）アイディアの作動の実例である）が，SG 措置発動の多発を招いた原因であるという議論も成り立つのである。

第 4 節　WTO 紛争処理メカニズムと民間団体の役割

1. WTO 紛争処理メカニズムの問題点

1.1 「構造調整」という大義名分

ところで，そもそも SG 措置は「非常事態において適用される非常措置」である[118]。このため，WTO 協定においては，GATT 第 19 条および SG 協定に基づき，SG 発動のための要件，手続，補償，対抗手段，構造調整など，加盟国として遵守すべき事項が詳細に規定されている。鉄鋼 SG 問題に関しては，80 年 2 月に開催された OECD 鉄鋼シンポジウムで既に議論されている。アメリカ鉄鋼協会の上級研究員で，OECD コンサルタントの肩書を持つエドワード・フロコフスキーは，提出論文の中で，米欧鉄鋼業の産業調整政策を支援するためにセーフガードが不可欠と論じたが，このフロコフスキー論文は極めて不評であり，鉄鋼 SG に対する国際的な支持が皆無であることを強く印象付けた[119]。アメリカ鉄鋼産業は競争力を回復するために，約 30 年の間，今回の鉄鋼 SG を含め，さまざまな「非常措置」（産業調整政策，トリガー・プライス制度，輸出自主規制協定，AD・相殺関税提訴，SG 発動など）を実施したが，皮肉なことにいまだに競争力を回復できていない。今回のアメリカ・EU・中国鉄鋼 SG と WTO との整合性に関しては多くの論文[120]，

---

118) 上級委員会はその報告書において，明確に例外的な措置とする見解をとっている。
119) 野林（1996），202-204 頁。
120) 例えば，ポーガン・アンド・ハートソン法律事務所前掲論文と，Van Bael & Bellis 法律事務所前掲論文。

政府・民間団体の意見書[121]があるが、それらの中でSGが「構造調整を支援するものである」ことが主張されているのは、── 当の執筆者たちも確信犯的に使用している節があるが ── 現状追認のための後知恵に過ぎない大義名分である。別の政治的理由に基づいて政治過程の中から生み出された現実を経済学的見地に則った理由、それもアプリオリに設定した経済学の「命題」によって事後的に擁護したり、あるいは批判したりすることは、明らかに経済学の悪用である。

1.2　SG 措置の過度の繰り返しが恒常化する？

1995 年に成立したWTOでは、紛争処理機関（Dispute Settlement Body, DSB）により紛争処理手続が一元化され、「紛争処理了解」（Dispute Settlement Understanding, DSU）に従って進められることになった。特にパネルの設置やパネル・上級委員会の報告（裁定）について、ネガティブ・コンセンサス方式の採用により実質的に自動化がなされ、また紛争処理手続（審理・採択・履行）の各段階について明確な期限を設定[122]することにより、従来のGATTと比較して迅速な紛争解決が企図されるようになった。とはいえ、パネルの設置から報告の採択まで9〜11カ月（上級委員会への申し立てを行う場合はその報告の採択まで 12〜15 ヶ月）がかかる。本書が扱う鉄鋼SG問題に関して言うと、2002 年 6 月 3 日、EU の要請に基づき紛争処理機関においてパネルが設置された。その後、日本、韓国、中国、ノルウェー、スイス、ニュージーランド、ブラジルの申し立てが同一のパネルにおいて審理されることになり、2003 年 5 月現在、WTO における最終報告の採択はまだ出ていない。さらに EU 鉄鋼 SG に関するアメリカの申し立てに基づき、9 月 16 日にパネル

---

121) 代表的には、アメリカ通商代表部が議会に提出した「中国のWTO合意に関する 2002 年議会報告」、日本経産省が発行した『2003 年版不公正貿易報告書』、在中国日本商工会議所がまとめた「WTO 加盟後の中国経済 2002」報告書、在中国アメリカ商工会議所（The American Chamber of Commerce People's Republic of China）が発行した *White Paper American Business in China 2002* など。

122) 例えば協議要請の受領後 10 日以内に回答、30 日以内に協議開始という日程が通例とされる。二国間協議要請から 60 日経過すれば、パネルの設置要求が可能となり、パネル設置決定からパネル勧告までは原則 9 カ月以内とされる。

が設置された。本事例は言うに及ばず，一般にWTO紛争処理手続に問題の解決が委ねられた場合，最終的な解決までの期間に貿易摩擦をめぐる緊張関係はますます高まる可能性が高いと言えてしまう。

中国政府はWTOに提訴しながらも，WTO紛争処理メカニズムに基づいて解決を求めても少なくとも結論が出るまでに1年を要するため，中国鉄鋼業が直面する脅威が短期間に解消されることはないと判断して鉄鋼SG発動に踏み切ったのであった。おそらくEU，チリ，ハンガリー，ポーランドも同じような思考を働かせたに違いない。既にポーガン・アンド・ハートソン法律事務所によって指摘されているように，このままでは，世界の主要な貿易国が互いにWTO協定への適合性を主張しながらSG措置の発動を過度に繰り返す状態が恒常化しかねない。

1.3　SG濫用のインセンティブ

WTOパネル又は上級委員会の勧告（裁定）が実施されない場合，代償交渉期間（20日）を経て対抗措置が承認される（DSBがネガティブ・コンセンサスで許可する）ことになっている[123]。しかし，これはあくまでもWTOが提訴国に与えた対抗措置を行使する権利にすぎない。また提訴国には，被提訴国との関係悪化を避けようとする思惑が働くため，実際に対抗措置の実施に至る例は極めて少ない。

実際，アメリカが鉄鋼SGを発動した後，EUおよび日本は二国間協議による決着ができなかったことを理由に，WTO部品理事会に対抗措置を通報した。EUは5月14日，アメリカ製品の合計3億7,900万ユーロ（約443億円）の輸入に対する100％の追加関税賦課（短いリスト）を通報，この措置は早ければ6月18日にも関税の賦課が開始される予定であった。同時に2番目の6億2,600万ユーロ（約732億円）の輸入に対する8～30％の追加関税賦課（長いリスト）を通報，この措置は2005年3月20日（3年間の不行使というSG協定第八条第3項に照らしても問題がない日）またはWTOの紛争処理機関がアメリカのWTO協定違反を認定した5日後以降に限り発効するものであっ

123）新堀（1997），42頁。

た[124]。

　日本はEUに引き続き，5月17日にアメリカ製品の合計488万ドル（約6億円）の輸入に対する100％の追加関税賦課を通報，これはEUと同じ6月18日に発動予定。同時にアメリカ側の措置がWTO協定に不整合との判断が確定した後に発動できるものとして，対象金額約1億2,343万ドル（149億円）の追加関税賦課措置をWTOに通報した[125]。同じ日，中国もWTOに報復リストを提出し，そのリストにはアメリカから輸入している廃紙，大豆油，コンプレッサーなどが含まれていた[126]。

　EU，日本および中国が対抗措置をとる強い姿勢を見せる目的は，アメリカとの二国間交渉を有利にし，適応除外品目を拡大させるためだった。従ってその目的が達成されると，WTO紛争処理手続の結論が出るまでの間，実際には対抗措置の関税引上げを行わないことになった。実質上罰則がないことは，SG発動（AD提訴）を濫用するインセンティブを与えたと言える。

　以上の事実とその原因の分析から明らかなことは，WTO協定が本来目指している基本的目的，すなわち「貿易障害の実質的軽減と国際貿易問題における差別的な待遇の廃止」に逆行しかねない[127]事態（例えばこの場合のSG措置の濫用）が，WTOルールの（各国が主張するところの）「遵守」のもとで平行して進行し得るということである。多国間での頻繁な鉄鋼SG発動は，セーフガード措置の濫用防止と機動的発動のバランスの維持が困難であることを改めて明らかにした。ある意味でWTO紛争処理メカニズムは鉄鋼SG発動のグローバル化をもたらしたと言ってよい。この問題を改善するために，ニュージーランドは新ラウンド（ドーハ開発アジェンダ）において，セーフガード関連の紛争において手続を時間的に短縮することを提案している[128]。

124）ポーガン・アンド・ハートソン法律事務所（2002）。
125）経産省資料「我が国の譲許停止措置通報について」平成14年5月17日を参照。
126）人民網日本語版ホームページ，2002年5月22日記事。
127）経済産業省通商政策局編（2003）『2003年版不公正貿易報告書』324頁。
128）同上325頁。

2. OECD 鉄鋼委員会（SC）

　世界的な鉄鋼市場の構造問題を解決するために，2001 年 9 月より，アメリカのイニシアティブにより，SC の中で鉄鋼ハイレベル会合が設立された。ハイレベル会合参加国は，OECD 加盟国の他，非加盟国を含む鉄鋼生産 40 カ国・地域であったが，2002 年 12 月 18 ～ 19 日にパリで開催された第五回会合[129]まで中国は参加しなかった[130]。

　ハイレベル会合では，生産能力削減の量的な見通し（2002 年 2 月 7 ～ 8 日に開催された第 3 回会合の見込みでは，1998 ～ 2002 年，少なくとも 7,860 万～ 8,260 万 t；2003 ～ 2005 年，少なくとも 2,490 万～ 3,490 万 t；2006 年～ 2010 年，少なくとも 1,880 万～ 2,080 万 t），設備閉鎖に関わる社会的コストの問題に対処する方法などについて議論された。

　アメリカ・EU 鉄鋼 SG 発動後，4 月 18 ～ 19 日に開催された第四回ハイレベル会合において，多くの国は鉄鋼 SG の拡大が鉄鋼産業に必要なリストラを遅らせかねないという懸念を表明したが，それ以上の解決方法に関する合意は得られなかった。もっとも，会合参加国・地域において 1998 年レベルと比較して 2002 年末までに 9,100 万 t 分の粗鋼生産能力が削減されると予想されていた。しかし，表 2.1 が示しているように，この数字が中国の生産能力を含まないため，世界全体の生産能力はむしろ急増している。第 5 回ハイレベル会合から中国が参加することによって，少なくとも今後は正確な見通しに基づいた議論が期待できるだろう。

　ハイレベル会合は，参加国・地域の鉄鋼生産能力削減に一定の役割を果したことは否定できないが，貿易摩擦に関してはせいぜい議論の場の提供にしかならず具体的な問題解決の成果は少なかった。

---

129) その前それぞれ 2001 年 9 月 17 ～ 18 日，2001 年 12 月 17 ～ 18 日，2002 年 2 月 7 ～ 8 日，2002 年 4 月 18 ～ 19 日に開催された。
130) 対外経済政策総合サイト「多国間・地域間の取り組み　OECD」，OCED 公式ホームページ，OECD 東京センターホームページを参照。

3.「日中官民鉄鋼対話」と民間団体の役割

3.1 「日中官民鉄鋼対話」制度

2000 年 4 月 13 日，中国対外貿易部は日本と韓国製のステンレス冷延薄板に対し，ダンピング認定を暫定的に決定した。これは中国による日本企業に対する初のダンピング調査であり，日本の鉄鋼業界は大きな衝撃を受けた[131]。川崎製鉄株式会社（以下，川崎製鉄と略記）および韓国企業計 7 企業は，対外貿易部と価格約束を締結し[132]，同年 12 月 18 日，対外貿易部は確定税賦課を最終決定した。実施期間は暫定決定日から 5 年間とされた[133]。官民から中国との定期協議の必要性が指摘され，元通産省首脳は 11 月 8 日訪中し，国家経貿委と「日中官民鉄鋼対話」を定期的に開くことで合意した。「日中官民鉄鋼対話」制度に基づいて情報交換を行うことで，摩擦問題の発生を事前に抑えることが期待されていた。

2002 年 5 月 24 日に中国暫定的鉄鋼 SG が発動されたことを受けて，平沼経産大臣は記者会見で「先日の国家経済貿易委員会と当省との定期協議の場において，何らの事前の説明もなく，今回，この決定が行われたことは非常に遺憾だ……」と述べた[134]。中国 SG 制度において，対外貿易部は輸入量が増加したかどうかおよび（国家経済貿易委員会とともに）この輸入増加と国内産業への損害との間に因果関係があるかどうかを決定する責務を負うために，対外貿易部と国家経済貿易委員会の縦割りの関係によって，両部門間の情報交換が少ないことが考えられる[135]。日本鉄鋼業界は，国家経済貿易委員会以外に，対外貿易部をも対話の相手として考えねばならないと認識を修正したのであった[136]。

---

131)『朝日新聞』2000 年 11 月 11 日記事。
132) 輸出価格を高くすることを約束し，アンチ・ダンピング税を徴収しない規定。
133) 対外貿易部公告を参照。
134) 経産省資料，閣議後大臣記者会見の概要，平成 14 年 5 月 24 日。
135) 2003 年 3 月，対外貿易部と国家経貿委は商務部に統合したことによって改善が期待できる。
136) JETRO が実施した中国 WTO 加盟の影響および問題点に関するヒアリング。JETRO 資料『WTO/FTA Column』Vol. 013。

表 2.6　日本の中国向け鉄鋼輸出　　単位：1,000t

		1999	2000	2001	2002
	銑鉄	48	—	164	142
普通鋼	鋼塊・半製品	211	158	583	584
	形鋼（含鋼矢板）	51	44	40	40
	棒鋼	9	8	16	22
	線材	101	63	115	167
	軌条	11	6	20	54
	厚中板	101	177	293	432
	熱延薄板類	144	322	349	371
	冷延薄板類	690	994	865	1,003
	亜鉛めっき鋼板	524	769	737	1,339
	ブリキ・ティンフリー	70	93	84	85
	その他表処鋼板	11	22	28	56
	電磁鋼板	124	160	175	186
	継目無鋼管	99	121	161	160
	溶鍛接鋼管	43	16	99	353
特殊鋼		687	1,065	790	1,469
その他		36	43	49	68
総合計		2,960	4,062	4,568	6,530

注：その他はフェロアロイ，合わせ鋼材，鋳鉄管の計。
出所：『アジア鉄鋼業の現状と最近の設備投資動向』21頁および『鉄鋼統計月報』資料より筆者作成。

3.2　日本の中国向け鉄鋼輸出

　中国の主要鉄鋼輸入相手国は，日本，ロシア，台湾，韓国である。政府が輸入を国内で生産できないか生産能力が不足している品目に限定する方針を打ち出しているため，輸入製品の中心は結果的にいわゆる高付加価値品になっている。日本の中国向け輸出は急増しており，2002年には1996年の2.2倍の653万tに達した（表2.6）。中国は，日本の鉄鋼製品の輸出先として2000年から連続して韓国に続く第2位であり，全輸出量に占める中国向け製品の割合は2000年13.9％，2001年15％，2002年18％であった[137]。

---

[137] 川鉄テクノリサーチ（株）知的財産・技術情報事業部（2002）『アジア鉄鋼業の現状と最近の設備投資動向』18-22頁，経済産業省経済産業政策局調査統計部編『鉄鋼統計年報』「全鉄鋼向先別輸出」より計算。

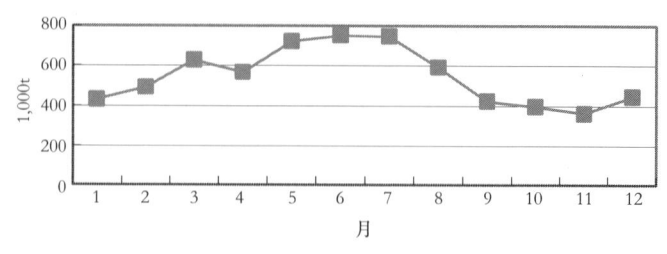

図 2.1 2002 年月別日本対中国鉄鋼輸出

出所：『鉄鋼統計月報』資料より筆者作成

3.3 大手メーカー対中輸出自主規制

中国鉄鋼 SG の本格発動を回避する狙いで，7 月に日本の当時の大手メーカー 5 社[138]（新日本製鉄，川崎製鉄，神戸製鋼，NKK，住友金属工業）は第 3 四半期の中国向け輸出を大幅に削減すると発表した。削減幅は第 2 四半期に比べ全体で 3 割程度に達する見通しだった。大手メーカー輸出自主規制の効果は貿易統計から明らかになっている（図 2.1）。

3.4 日中官民協議

日本側は，6 月 24 日および 9 月 16 日に開催されたセーフガード協定に基づく協議（暫定措置発動後の二国間協議）において，中国鉄鋼 SG はアメリカのセーフガード措置による貿易転換を防止するための一時的措置であると主張されているとはいえ，中国国内の鉄鋼生産量は増加しており，輸入の増加，国内産業への損害，および両者の因果関係を立証するに十分な根拠が不明確で WTO 協定との整合性の点で疑義がある，と主張し，暫定鉄鋼 SG について撤回を求めた。また，10 月に行われた平沼経産大臣と石広生対外貿易部長（大臣）との二者会談（東京）など機会があるごとに暫定措置の撤回および確定措置発動の回避を要請した[139]。アメリカ鉄鋼 SG への対応とは対照的に，経産省は中国政府に対して代償措置を求めず，対抗措置および WTO 提訴について言及しなかった。平沼経産相は，日中鉄鋼貿易の安定的

---

138) 2003 年 4 月 1 日，NKK と川崎製鉄が統合し JFE スチールが発足した。JFE スチールは JFE ホールデイングスの子会社。

139) 『2003 年版不公正貿易報告書』126 頁。

な発展に悪影響を及ぼさないように配慮する必要があるとし、日中官民鉄鋼対話などの話し合いの場を通じて必要かつ適切な働きかけを行っていかなければならないと強調した[140]。

7月31日、日中官民鉄鋼協議（対話）が北京で開かれた。日本の鉄鋼業界代表者が同席し、業界が要望している輸入制限の適用除外をどの品目まで広げるかを中心に話し合った。日本側からは中国で生産していない高級品などについて具体的な品目名を挙げて中国側に除外を求めた。民間団体の協議参加は、貿易摩擦を最小限に済ませ、長期的に安定した中国鉄鋼市場を確保するのに資することを狙いとしていた[141]。

対外貿易部は11月20日から確定措置を発動した。適用期間は2002年11月20日から2005年5月23日（暫定措置期間を含めて3年間）とされた。対象は熱延鋼板、冷延鋼板、カラー鋼板、電磁鋼板および冷延ステンレス鋼板計5品目[142]となり、暫定措置と比較して対象が大幅に絞り込まれた。中国政府は、日本の関係企業による対中貿易への影響が最小限になるよう努力した結果であることを説明し[143]、その努力の上で民間団体の果たした役割を高く評価した。日本側も「累次の（官民）協議を踏まえたものであると受け止めており、わが国としても留意している」と表明した[144]。

日本鉄鋼業界は、日中鉄鋼貿易摩擦の緩和に向けて、日中鉄鋼官民対話、OECD鉄鋼会合などに期待をかけている。その一方、WTOにおいては、中国では政府と企業が分離していないため、業界の意向が直に実行される危険性があることを主張し、また、今回のSG調査でシロとなった品種についてダンピング提訴される恐れがあると表明した[145]。

野林は次のように述べている。「そもそも鉄鋼貿易が自由貿易原則一本で律することができるのなら〔話は早いが〕、……（中略）……し

---

140) 経産省大臣記者会見記録参照、平成14年5月24日、於記者会見室。
141) 『日本経済新聞』2002年7月23日記事。
142) 48関税分類から27関税分類に。
143) 『2003年版不公正貿易報告書』127頁。
144) 外務省報道官談話参照、平成14年11月19日。
145) JETROが実施した中国WTO加盟の影響および問題点に関するヒアリング。JETRO資料『WTO/FTA Column』Vol. 013。

かし話はそう簡単ではないだろう。……（中略）……鉄鋼貿易におけるアクターは数多く，鉄鋼紛争の火種は尽きない。鉄鋼摩擦の多発によって市場の歪曲化が進行する危険があるとすれば，WTO の枠組を補完し，各国の利害得失を一定の水準でバランスさせる秩序維持メカニズム＝レジームへの期待は高まるはずである[146]」（〔 〕内は筆者による補足）。WTO 協定を原則として尊重しながらも，例えば「日中鉄鋼官民対話」（および官民協議，OECD 鉄鋼会合）において民間団体が果たした役割に着目し，その意義を評価する研究は必要であると思われる。

　以上第1章と第2章では，農産品および鉄鋼製品の貿易摩擦における官民協議モデルの有効性，民間団体の役割を論じてきた。産業競争力の回復のためにセーフガードが必要など保護主義的な言説が貿易を取り巻くアイディアの空間において一定の影響力をもっていることは事実であるが，それは政策過程の中から生み出された現実を経済学的見地から擁護しているのに過ぎず，経済学の悪用とも言える。WTO ルールの濫用を防ぐことは今後の政策課題でもある。人民元切り上げ問題などに関する包括的な経済摩擦では，どのようなアクターが参加し，どのような特徴があるのか。これを問題意識に，第3章と第4章では包括的な経済摩擦の事例を取り上げることにする。

146）野林健，前掲書，279頁。

第 2 部　包括的な経済交渉

2001年12月21日，農産品貿易摩擦を解決するための大臣レベル協議が北京で行われた。
左は日本経済産業大臣・平沼赳夫氏，右は中国対外経済貿易部部長・石広生氏。
写真：ロイター／アフロ

　　　　　　　　　　第3章

人民元切り上げ問題—事例研究③

第1節　問題の所在と分析の目的・方法

　改革開放政策以来，中国は貿易の自由化と直接投資の受入れを通じて，世界経済との一体化を進めており，特に2001年の世界貿易機関（WTO）加盟を経てそのペースは一段と加速している。2002年初頭から，ドルがユーロ，円などの世界主要通貨に対して大幅に下がったが，その結果，ドル・ペッグ制を採用している人民元もそれに対応するように，実効ベースで約10％前後切り下がることになった[147]。

　これを背景に日米をはじめ，国際社会における人民元の切り上げ圧力が高まった。日本政府は中国が世界にデフレを輸出していると主張し，塩川財務大臣は主要7カ国（G7）財務相・中央銀行総裁会議で人民元切り上げを求める案を出した。他方，巨額の対中貿易赤字を抱えるアメリカは，中国が人民元レートを極めて低い水準に抑えているため，アメリカ製造業を萎縮させ深刻な失業問題を招いたと主張し，スノー財務長官・ブッシュ大統領は中国に変動相場制への移行を求める発言を繰り返した。こうした日米の強い人民元切り上げ圧力に対して，中国外匯管理局は「内政干渉である」と反論[148]し，

147）陳明星・施丹「健全かつ安定的な為替政策とは」『中国経済新論』。
148）『北京青年報』2003年9月23日記事。

商務部・外交部などの政府機関は，中国の輸出が日本とアメリカのGDP（国内総生産）に占める割合は，それぞれ2％弱，1％弱と微々たるものであり，人民元レートが両国の経済に大きな影響を与えることはありえないと強調した。また，温家宝首相は，一国の為替レート政策は，その国の経済水準や経済状況，国際収支状況によって決まるものであり，現状の人民元レートは中国現在の国情に合致するものであって，安定した為替レートが中国ならびに世界経済にとって重要な意義を持っていると主張した。このように中国政府は日米の圧力に強く抵抗した。

日米政府の公式介入により，人民元レートに関する議論が活発になり，欧米の主要メディアが論争を展開した。マンデル，クルーグマンなどの経済学者は評論や論文などの形で意見を発表し，人民元切り上げに強く反対した。国際通貨基金（IMF），WTOなどの国際機関も相次いで人民元切り上げの要求に賛成しない見解を出した。また，中国政府は大量不良債権を抱えている国有商業銀行の改革，資本取引規制緩和などの金融制度改革に積極的に取り組み，「為替相場の形成メカニズムをより良いものにする」と表明した。

2004年に入り米財務省は，中国人民銀行（中央銀行）と人民元の制度の見直しや金融システム改革に関する協議会を北京で開き，今後も定期的に開催することを合意した。さらに同省は北京に常駐する専門家を任命し，人民元制度改革を全面的に支援するスタンスに転換した。日本の谷垣財務相も，為替問題はそれぞれの国がそれぞれの主権の内容として自国の利益に合うように考えるべきものであり，中国と意見交換・対話していくことが大事であると表明した。

WTO加盟以来「国際スタンダード化」という理念を提唱している中国政府が，なぜ為替変動相場制への移行に強く抵抗したのか。またプラザ合意[149]の経験を念頭においたと思われる日米政府は，なぜ人民元切り上げ要

---

149) 1985年9月22日ニューヨーク・プラザホテルでの5カ国大蔵大臣・中央銀行総裁会議（G5）による合意。為替レートが対外アンバランスを調整する上で役割を果すべきであり，主要非ドル通貨（日本円，ドイツ・マルク等）の対ドル・レートのある程度の一層秩序ある上昇が望ましいと発表し，政府誘導・介入による円・マルク高ドル安をもたらした。近藤健彦（1999）を参照。

求から制度改革を支援するスタンスに変わったのか。本書は中国国内圧力と国際的圧力の相互作用を中心に，中国と国際社会それぞれの経済学的根拠，圧力が中国の金融システム改革にもたらした影響，さらに中国の金融システム改革の加速が国際圧力の緩和に果した役割を実証的に分析する[150]。

本章は中国国内政治において為替政策イシューに関する国内諸勢力が「同質的な（homorogeneous）選好」を持つことに注目する。同質的な選好は，意見の分かれる多様なあるいは異質的な（heterogeneous）選好と対比して，一致した政策選好を意味する。パットナム[151]が指摘したように，国内の選好が同質的であれば，国際交渉において交渉者が妥協できる余地は少なくなる[152]。「安定的な為替レートは現在の中国の経済状況や金融管理水準，企業の能力などに相応しいものである」という主要省庁間における「同質的な選好」が，人民元切り上げ圧力に対して強く抵抗するように作用したと思われる。以下では人民元為替レート問題をめぐる様々なアクターとその行動，国内制度などを分析し，激しい対立から金融制度改革支援（被支援）の国際合意に至る政治経済的要因を明らかにする。

第 2 節　日米と中国の対立

1. 人民元切り上げ圧力の背景

1.1　世界の経済情況

2002 年の世界経済は，2001 年の不景気から完全に脱出できず，回復不安定の状態にあった。多くの国においてインフレ率が下がり，世界的にデフレ圧力が高まっていた。日米欧など先進国において深刻な失業問題がさらに悪化し，失業率は前年を上回った。為替市場ではアメリカの経済低迷，企業ス

---

150) もちろん，日米の国内政治および両国間の摩擦が圧力の変化に与える影響は大きいが，本書では紙幅の制限で省略する。
151) Putnam, (1988).
152) 岡本次郎編（2001），100-101 頁。

キャンダルなどを反映して，ドルが大幅下落した。2002年末，ドル対ユーロ，円為替レートはそれぞれ1.0496と118.74になり，前年末よりそれぞれ16.2％と10％安くなった[153]。

1.2 中国の経済情況

世界的な不況を背景として，2002年に中国GDPは8％成長した。しかし経済成長を支えるために，政府は様々な政策課題を解決しなければならなかった。デフレと失業問題以外にも企業の多くは，低い生産効率，時代遅れの設備，不備な技術などの問題を抱えていた。

中国の金融システムは脆弱であり，特に4つの国有商業銀行（中国銀行，中国建設銀行，中国農業銀行，中国工商銀行）は返済不能となった国有企業への不良債権率が高く，欧米の会計水準を適用すれば，多くの銀行が破産していることになる[154]。1994年には，国有商業銀行の不良債権率は約20％であった。それを改善するためにさまざまな措置を取ったにもかかわらず，不良債権率は増え続け，2000年末には約30％に達した。翌年からは下がる傾向に転じたが，2002年末でも26.1％に留まり，依然として国際レベルよりかなり高いままである[155]。

また，WTO加盟の際の約束として，2006年までに外国銀行の人民元業務を完全開放すること[156]になっているため，2005年末までに不良債権率を平均15％にまで下げ，国有商業銀行を国際的な競争力を持つ金融企業に改造することを改革の目標としている。

1.3 中国の為替制度

中国は1994年以後「市場の需給を基礎にした，単一的かつ管理された変

---

153) 中国人民銀行（2002）「2002年貨幣政策執行報告書」。
154) OECDレポート（2002）「世界経済における中国：国内政策の課題」2002年3月18日
155) 中国人民銀行戴相龍総裁が2002年2月20日に香港での講演「WTO加盟後の中国銀行業」を参照。
156) 中国WTO加盟に関する日本交渉チーム（2002）『中国のWTO加盟』123頁。

動相場制度」の為替政策を採用している[157]。1997年にアジア金融危機が勃発し，タイ，韓国などはドルに対して本国通貨を大幅に切り下げることを余儀なくされ，経済は崩壊寸前に落ち込んだ。そうした中で，中国は決して人民元を切り下げないと確約し，事実上ドル・ペッグ為替政策を採用することになった[158]。

2002年中国への資本流入は急速に拡大し，直接投資の受け入れ額は世界一となった[159]。経常収支も大幅な黒字を計上した。これを反映して[160]，2002年末の外貨準備は前年に比べ742.4億ドルの増加を計上し，2,864.1億ドルに達した。これは日本に次いで世界第2位，中国の輸入高のほぼ10カ月分にも相当する高い水準である（表3.1）。

中国の為替運営は，貿易取引など経常収支に係る人民元の交換性を確保しているが，資本取引を幅広く規制している。資本取引規制は，居住者の対外投資制限などによって構造的にドル余剰になりやすい仕組みをもたらしている[161]。ドル供給がその需要を上回ることに対して，人民銀行が大規模なドル買い介入を行うことにより，ドル需給が均衡し，ドル・ペッグは維持され，外貨準備が増えることになる。仮に中国が変動相場制を採用し，中央銀行による市場への介入が一切行われないとすれば，外貨準備が増えない代わりに為替レートが上昇することになる。これが日米欧における元切り上げ圧力の経済学的根拠である。これに対し中国は，ドル供給が需要を上回ることの原因を為替管理制度に求め，現行の為替レートが中国経済の実力をおおむね反映していると主張した。

中国はすでに1993年に順次人民元の兌換貨幣化をめざすと決議していた。1994年にスタートした時点の1ドル＝8.616元と比べて年末に2％上昇，同じく95年は0.41％，96年は0.29％，1997年は0.12％それぞれ上昇し，98年

---

157) 中国外匯管理局資料「中国外貨管理制度の変遷」。
158) 関志雄「人民元切り上げの政治経済学」『中国経済新論』。
159) "China's economy: Still some way to go," By Financial, Fiscal and Enterprise Affairs Directorate (DAF), *OECD Observer* No. 238, July 2003.
160) 資本収支＋経常収支－誤差脱漏＝外貨準備増減
161) 丸紅経済研究所「中国人民元の行方〈金融・マクロ経済からの視点〉」を参照。

にアジア通貨危機に対応するために，現在の基準レート8.27元で固定された。しかし，資本自由化と人民元の兌換貨幣化の条件として特に強固な金融システムが必要であり，変動相場制は金融改革が十分な進展があった後に行うべきだと中国は認識している[162]。

2. 日本のイニシアティブ

2.1 日本の国内情況

10年に及ぶ不況を経てもまだ回復の兆しが見えない日本経済は，2002年も依然として深刻なデフレ状態にあった。公共事業を中心とする財政支出の拡大と税収の落ち込みを受け，財政赤字は急速に拡大した。さらに，数年に及ぶゼロ金利政策にもかかわらず，金融政策の効果が見られなかった。デフレに対応するために，インフレ・ターゲット設定などが提案されたが，経済に与える影響に関する不確定性を理由に実施されなかった[163]。

以上を背景に，2002年12月2日，黒田財務官は河合副財務官と連名でフィナンシャル・タイムズ紙に「世界はリフレーション政策に転ずるべき時」という論文[164]を寄稿し，中国が世界にデフレを輸出しているとの見方を示した。黒田論文は次の3点を強調した。第1に，中国や東南アジア諸国など新興市場国家が国際貿易システムに参入し，大きなデフレ圧力をもたらした。第2に，中国はデフレを輸出しているだけでなく，その影響が隣国以外にも波及している。第3に，グローバルなデフレに対応するために，日米欧はそれぞれリフレーション政策を取ったが，そろそろ中国も対策を採るべきである[165]。

数日後の国会答弁で塩川財務相は，同じく「中国が世界にデフレを輸出し

---

162) 戴相龍総裁2002年3月18日の講演「今後数年の中国貨幣政策」，張志超「中国の資本自由化 ── シーケンシング理論の展開と中国への示唆」『中国経済新論』を参照。
163) OECD「OECD対日経済審査報告書2002」を参照。
164) 英文タイトルは"Time for a switch to global reflation"。
165) 覃東海・何帆「人民元切り上げをめぐる様々な議論とその根拠」『中国経済新論』を参照。

た」ことを理由に，人民元の切り上げをすべきであり，各国通貨のバランスが崩れてきていることから，G7にそれを働きかけていくと発言した[166]。2003年2月のG7財務省・中央銀行総裁会議で，塩川大臣の提案は採用されなかったが，日本は「人民元切り上げ要求」のイニシアティブを取った。

2.2 国際世論および経済学者の対立

「中国が世界にデフレを輸出しているかどうか，人民元の切り上げをすべきかどうか」に関して，欧米の主要なマス・メディアおよび経済学者の中で激しい論争が展開された。経済学者マッキノンとシュナーブルは[167]，人民元切り上げに真正面から反対し，次のように指摘した。世界的なデフレ圧力は，アメリカ経済のバブル崩壊とアメリカのデフレ圧力に由来する。中国の日米向け輸出は日米それぞれのGDPの1～2％を占めるにとどまっており，中国の貿易規模および貿易構造から見て，中国は国際市場価格に大きな影響を与えることになっていない。マッキノンは以前その著書[168]の中で，1985年のプラザ合意が無用な円高を生み，バブルなど日本経済の混乱を招いたと指摘した人物であり，為替レートの切り上げ問題は日本を教訓とすべきで，人民元切り上げは危険かつ不適切な提案であるとした。

「ユーロの父」とも呼ばれているロバート・マンデルも人民元切り上げ論に反対する立場をとっている。彼は，中国がデフレを輸出している証拠は存在せず，現在の情況において中国は元為替レートを安定維持すべきである，と繰り返し主張した[169]。そして，人民元切り上げのデメリットとして，中国のデフレ圧力の増大，中国への外国直接投資の減少，雇用圧力の増大，および経済成長鈍化などを挙げた。

また，ポール・クルーグマンは「中国シンドローム」という論文を発表し，

---

166) 塩川財務大臣閣議後記者会見の概要（平成14年12月6日）を参照。
167) マッキノン，シュナーブル，「中国は東アジアの安定の力それともデフレ圧力の源なのか？」『比較』，2003年第7期。
168) ロナルド・マッキノン，大野健一（1998）。
169) 2003年3月19日"黄達－マンデル優秀博士論文賞"授賞式で意見発表，および同年7月16日「中国証券報告」のインタビュー記事「国の知恵を試す人民元レート」を参照。

人民元が大幅に上昇しなければ意味がないが，人民元の大幅な上昇は中国にとって受け入れにくいことであると指摘した．実際，中国の中央銀行によるアメリカの政府債権の大量購入はアメリカが貿易赤字を補填する主要な手段の一つで，米ドルからユーロにシフトした時，結果がどうなるかは想像に耐えられないと述べた[170]．

一方，ブッシュ大統領の経済政策担当補佐官を務めていたローリンス・リンゼーは人民元切り上げの必要性を認めながらも，中国政府は変動相場制への転換に踏み切れないと主張した．なぜなら，その前提となる資本移動の自由化，マクロ経済政策運営能力の向上，政治家階層の重商主義政策からの脱却などの条件がまだ整っていないからである．現時点での固定レート政策は政治および経済発展における基本的弱点または未成熟さと見るべきであり，変動相場制の実現には経済発展や社会の洗練を待つしかないと指摘した[171]．

日本において黒田東彦と関志雄は，人民元の緩やかな上昇は中国自身のためになると指摘した．関志雄はその理由について次のように述べている．まず，日本にとっては，中国と日本の経済関係が競合的というよりも補完的であることを考えれば，人民元切り上げは，製品に対する需要の増加というプラスの面より，生産コストの上昇を通じた企業収益と産出の減少というマイナスの面の影響が大きいと見られる．そして，中国にとっては，人民元レートを現在の低水準に維持し不均衡を放置すれば，外貨準備がいっそう増えることになり，それに伴う資源の浪費，経済の過熱，さらには貿易摩擦の激化という副作用が非常に大きい[172]，からである．

以上述べたように，経済学者の間でも意見が対立し，大別すると三つに分けられる[173]．一つ目は，人民元は大幅に過小評価され，世界経済に大きな悪影響を与えているというものである．二つ目は，人民元の過小評価の問題

---

170)『ニューヨーク・タイムズ』2003年9月5日記事．
171) 関志雄・中国社会科学院世界政治経済研究所編（2004），第5章を参照．
172) 同上，第9章を参照．
173) The Gale Group, "Is the Chinese currency, the renminbi, dangerously undervalued and a threat to the global economy? Over thirty important exports offer their views; A Symposium of Views" March 22, 2003.

は存在せず，高成長の中国経済は世界にとって良いことであり悪夢ではないとの主張である。三つ目は中間派で，人民元の過小評価は認めるが，中国は世界の脅威ではないし，災難をもたらしておらず，現在の中国にとって最重要なことは国内の経済・金融改革を行うことであるという意見である。

　国際世論および経済学者の対立は，人民元為替レート問題の重層性・複雑性を示しており，日米中それぞれの政策決定者に幅広い政策選択肢および理論的根拠を提供した。異なる理論的根拠に基づいて，中国と日米の対立はますます深刻化した。

2.3　中国の国際反応および国内事情

　中国における貨幣政策の基本原則は，金融リスクを防止・除去すると同時に，経済成長に対する金融の支援効果を拡大することである[174]。特に1997年アジア通貨危機勃発によって，発展途上国にとっての「金融リスク防止と経済成長支援」(金融安全保障)のための貨幣政策の重要さが改めて認識されることになった。通貨危機が勃発した直後に国務院批准を経て，中国人民銀行の諮問議事機関として中国人民銀行貨幣政策委員会(以下，貨幣政策委員会と略す)が設立された。

　貨幣政策委員会は国家のマクロ経済政策目標に基づき，貨幣政策設定および調整，貨幣政策手段の運用，貨幣政策とほかのマクロ経済政策との協調などの重大事項を討論し，貨幣政策設定および実施に関するアドバイスを提出する。同委員会は中国人民銀行総裁を主席とし，国家発展と改革委員会，財政部，国家統計局，国家外貨管理局，金融業監督管理機関などのトップ幹部を含む。また，同委員会は四半期毎に例会を開催し，会議の主要内容および貨幣政策の方向を公開する[175]。この貨幣政策委員会制度は，縦割りの省庁間における協調機能を強化し，国家金融安全保障イシューにおける省庁間の「同質的な選好」を導くことに決定的な役割を果たした。元切り上げ問題をめぐる政府首脳，外交部，商務部，財務部，外貨管理局など関係部門の国際対

---

174) 戴相龍総裁2002年3月18日の講演「今後数年の中国貨幣政策」を参照。
175) 中国人民銀行「国務院任命新一届貨幣政策委員会組成人員」2003年6月16日。

応は，すべて貨幣政策委員会の意見に基づいて発表された「貨幣政策執行報告書」を根拠としている。

　2003年6月，元切り上げ圧力が強まる中，国務院は貨幣政策委員会の役割をさらに強化した。貨幣政策とほかのマクロ経済政策との協調を強化するため，国務院の金融業務を管轄する副秘書長を委員に加えた。また社会各アクターからの意見を貨幣政策に十分に反映するために，国有商業銀行の代わりに銀行業協会をメンバーに入れた。半年後の12月には，「中国人民銀行法」を改訂して，第12条に「中国人民銀行貨幣政策委員会は，国家マクロ調整，貨幣政策の立案・調整において重要な役割を果さなければならない」という条項を増加した。また，「中国人民銀行貨幣政策委員会条例」を立法化すると同時に，貨幣政策委員会の職能領域を国家マクロ経済調整にまで拡大した[176]。

　中国人民銀行をはじめ政府全体における「同質的な選好」（共通認識）として，ドル・ペッグ制が現在の中国の経済状況や金融管理水準（脆弱な金融システム），企業の能力などに相応しいものであり，人民元レートの水準は中国経済の実力をおおむね反映しているということ，為替レートの安定は中国や世界に有利であるということ，が挙げられる。彼らは，その根拠をアジア通貨危機で蓄積された政策遺産に求めている[177]。1997-98年のアジア通貨危機当時，中国は豊富な外貨準備をバックに，人民元の安定に努め，危機の中国への波及を免れた。これにより，アジア諸国間に起こった切り下げ競争を避けられたことで，中国は世界各国から，アジア通貨危機の終息に大きく貢献したと高く評価された。この経験から，為替の安定を政策手段というよりも目指すべき目標と見なすようになった[178]。

　中国人民銀行は，その公式見解として，「2002年貨幣政策執行報告書」[179]

---

176) 中国人民銀行「2003年中国主要貨幣政策記録」2004年3月24日。
177) 中国人民銀行2002年，2003年第1，2四半期「貨幣政策執行報告」，および関志雄「なぜ人民元の切り上げが必要なのか ── 日本のためでなく中国自身のためである」『中国経済新論』を参照。
178) 関志雄前掲論文，戴相龍総裁前掲講演などを参照。
179) 中国人民銀行資料。

の中で，多くの経済学者に提示された理論的な根拠に基づき，中国が世界にデフレを輸出していることを強く否定した。人民元為替レートに関し，戴相龍および後任の周小川総裁は様々な場において，現在の為替レートは中国経済の実力をおおむね反映しており，現在の制度や水準を変えるべきではない，との見解を示した。

経済学者の中でも賛否両論が存在する「プラザ合意」に関して，中国人民銀行とマスコミはマッキノンと同様に否定的な見方を持ち，日本バブル経済およびバブル崩壊後の長期経済低迷の元凶として紹介した[180]。特にマスコミにおいては，人民元切り上げ要求を「日本の陰謀」と見なして，切り上げ反対論が主流であった。

他方で，外貨準備急増と比例して強まる元切り上げ圧力は，中国の金融制度改革を加速させる原動力となった。周小川中国人民銀行総裁は2003年金融監督機関工作会議で，政府が継続して安定的な貨幣政策を実施し，現行の為替制度・人民元の安定を維持すると同時に，為替レート形成のメカニズムを改善し，同時に商業銀行による債権構造の見直しを国の産業政策に照らし合わせて進めていくと述べた。また国務院（内閣府）首相に就任した直後に，温家宝も為替レートの形成メカニズムを改善していくと表明した。

3. アメリカからの強まる圧力

3.1 中米貿易およびアメリカの国内情況

アメリカ経済がデフレ，失業，ドル下落に伴って悪化する中，中米貿易は急速に拡大し（図3.1），貿易赤字，輸入額，貿易総額において日中間の逆転が起こっている。中国はカナダとメキシコに次いで，アメリカにとって第3位の貿易相手国となっており[181]，これを背景に貿易摩擦の焦点も日米から中米にシフトし，中米貿易摩擦が活発になっている。

---

[180] 中国人民銀行2003年第2四半期「貨幣政策執行報告」，『国際金融報』2003年1月17日，3月17日記事などを参照。

[181] 関志雄「日本を抜いて世界第三位の貿易大国となった中国 —— 依然として脆弱である「世界の工場」」『中国経済新論』を参照。

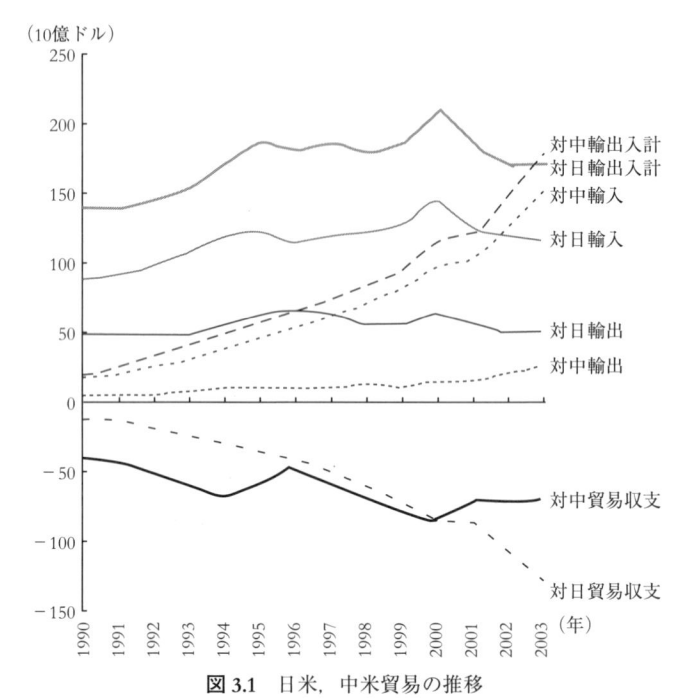

図3.1 日米，中米貿易の推移

注：アメリカの通関統計により作成。なお，WTOの公式発表によると，中国は世界第4位の貿易大国になる。
出所：関志雄「日本を抜いて世界第三位の貿易大国となった中国 —— 依然として脆弱である「世界の工場」」

　製造業など利益団体のロビイング活動を背景に，7月に上下両院議員は，スノー財務長官とブッシュ大統領に，人民元切り上げに関する書簡を連名で提出した。書簡の主張は次の4点にまとめられている。まず，アメリカの失業率はすでに6.4％に達し，そのうち90％は製造業の失業である。次に，アメリカ製造業が競争優位を失ったのは，中国の労働コストが安いことと人民元が過小評価されていることによる。第3にアメリカの対中貿易赤字は98年570億ドルから2002年の1,030億ドルに拡大しているのに対して，中国は過去数年間で世界最多の外貨準備を蓄積し，2003年6月時点で3,450億ドルに達している。第4に，中国はアメリカの景気減速と失業増加に対して責任を取らなければならず，政府は中国政府により大きな圧力をかけるべきで

ある[182]。さらに多くの議員が，人民元の切り上げをしない場合，すべての中国輸入商品に対して 27.5％の関税を追加徴収するとの法案を提出した[183]。

国内利益団体および議会からの圧力を背景に，スノー財務長官と連邦準備制度理事会グリーンスパン議長は，より柔軟な人民元制度が望ましいと発言した。その後，商務長官と労働長官も同じような見方を発表した。同時期に，欧州中央銀行デュイセンベルク総裁および欧州委員会プロディ委員長も，人民元切り上げ圧力に加わった[184]。9 月スノー財務長官は訪中し，温家宝首相に人民元切り上げを求めた。

このように米欧政府の公式介入により人民元切り上げ要求の圧力はさらに強まった。9 月 20 日 G7 財務相・中央銀行総裁会議の共同声明では，「市場原理に基づいた円滑で広範な調整を進めるために為替相場のさらなる柔軟性が必要だ」との認識が示され，事実上中国の為替政策修正を求める内容となった[185]。

3.2 中国の国際対応

強まる人民元切り上げ圧力に対して，中国政府はかなり苦しい立場に置かれた。WTO 加盟を機に「国際スタンダード化」と制度改革を推進するという国際イメージを，3 月に選出された胡錦涛・温家宝新指導部としては維持する必要があった。超覇権大国アメリカとの戦略的かつ長期的な観点からは，巨額の対米貿易黒字を無視すれば，中米貿易摩擦がさらに深刻化し，中米関係に悪い影響を与える結果になりかねなかった。しかし反面，胡錦涛・温家宝新指導部は，元切り上げ反対の国内世論を無視できず，国際圧力に屈しないことが，指導部における政治的権威，リーダーシップの発揮にプラス効果をもたらすとも考えられた。この問題に対する政府指導部と関係省庁における「同質的な選好」を表す見解は，まずアメリカの失業問題が人民元為

---

182) 覃東海・何帆，前掲論文。
183) 「国際貿易紛争と公共関係高層論壇」における，商務部公平貿易局王賀軍講演を参照，『新浪財経』2004 年 4 月 8 日記事。
184) 覃東海・何帆，前掲論文。
185) 『日本経済新聞』2003 年 9 月 20 日記事。

替レートと無関係であり，その上で安定した元為替レートが中国だけでなく，アジア諸国および世界経済に有利であるというものであった。政府指導部と関係省庁は，さまざまなフォーマルとインフォーマルなチャンネルを通じてそれをアピールし，国際社会の理解を求めた。

中国人民銀行周小川総裁をはじめ，外交部，商務部など関係政府機関は一致して人民元切り上げの可能性を否定した。政府公式文書[186]の中で，現在の人民元為替水準は中国経済の実力をおおむね反映しているものであり，下半期継続して安定を維持していくべきだとの考えが示された。

李肇星外交部長は8月，9月にそれぞれ日米を訪問し，中国の立場を明らかにした。それは，日本とアメリカは中国にとって重要な貿易相手国であり，お互いの経済関係を強化することが各国の根本的な利益に繋がること，中国の経済発展は日本にとって脅威ではなく，むしろチャンスであること，アメリカの産業界に対して，人民元レートの変動がアメリカの経済に大きな影響を及ぼすことはありえないこと[187]，というものであった。そしてその根拠として，中国の貿易輸出が日米のGDPに占める割合はそれぞれ2％弱，1％弱と非常に微々たるものであることを示した。また国家外匯管理局は，「人民元の切り上げ圧力は内政干渉である」とし，アメリカなどの国内失業問題は，中国の為替相場とは無関係であり，為替レート問題を国際政治化し，貿易保護主義の口実とすべきでないと指摘した[188]。

これらの他にも指導部はあらゆる機会を使って国際社会の理解を求めた。8月にアメリカ金融グループ会長と会見したときに温家宝首相は，人民元レートの基本的な安定を維持することは，中国経済や金融の継続的な安定成長に有利であるばかりでなく，周辺国や地域の経済・金融の安定にも資し，根本的には世界経済・金融の安定をもたらすとの見解を示した。アジア金融危機の時に，人民元レート安定の維持が果した貢献を指摘した上で，一国の為替政策は，その国の経済水準や経済状況，国際収支状況によって決まるも

---

186) 中国人民銀行「2003年第2四半期貨幣政策執行報告」を参照。
187) 『中新網』2003年8月13日，9月24日記事。
188) 『北京青年報』2003年9月23日記事。

のであり，現状の人民元レートは中国現在の国情に合致すると主張した[189]。

G7の人民元切り上げ圧力に対して，中国人民銀行総裁および温家宝首相，胡錦涛国家主席は一貫した立場を示した。10月第一回東南アジア諸国連合（ASEAN）商業・投資サミットに出席した温家宝首相は，人民元レートの規制が他国の経済に影響を及ぼすようなことは到底不可能であると指摘した上で，中国製品が市場競争力を有している主な要因はあくまでも豊富な資源と安価な労働力にあると主張した。また，中国の対外輸出のうち，50％以上が外資系企業，もしくは外資系との合弁企業による製品であり，生産部品などの原材料の約半数も海外からの輸入品が占めるため，貿易黒字の相当部分はこれら企業を通じて他国の利益になっており，人民元の切り上げは他国に対してもマイナス影響を与えることになると指摘した[190]。

胡錦涛国家主席は同月に開催されたアジア太平洋経済協力会議（APEC）商工界サミットで講演を行い，2002年，世界経済が鈍化する中で中国のGDP成長は8％を達成し，上半期にSARSの影響があったものの成長率8.2％を実現，現在まで中国経済は全体として良好で成長の勢いも維持しており，その年の経済成長目標の達成も問題がないと述べた。また，人民元レート問題に関して，中国は市場における需給関係を基礎とした，単一且つ管理された変動相場制を採用しており，これは現在中国の経済状況や金融管理水準，企業の能力などに相応しいものであって，人民元レートの安定が中国経済やアジア太平洋地域，世界経済の発展に有利であることを強調した。

人民元為替レート問題の重層性・複雑性は，専門家の間でも激しい意見対立を惹き起こした。アメリカの元切り上げ要求について，クルーグマン[191]は，中国の中央銀行によるアメリカ債の大量購入は，アメリカが貿易赤字を補填する主要手段の一つであり，米ドルからユーロにシフトしたとき，結果がどうなるかは想像に耐えられない[192]と警告した。また中国人民銀行は，

---

189)『中新網』2003年8月6日記事。
190)『中新網』2003年10月8日記事。
191) "The China Syndrome," *New York Times*, September 5th.
192) ドル暴落をもたらす可能性が十分あることを意味している。

中央銀行としての歴史が浅いので[193]，自国の情況にみ合う為替制度を研究するために，実務レベルにおいて積極的に日米欧の中央銀行および国際機関と協議を続け，先進国の経験・教訓を参考にして金融改革および対外開放の複雑化を有利にしたいと考えていた[194]。

まず7月にEUとの技術援助合作協定に基づき，中央銀行における主要な特徴および職能に関して協議を行った。9月には，中国人民銀行は日本銀行，財務省，経済産業省に幹部を派遣し，日本経済高度成長後に起きた通貨摩擦，日本がドル高・円安の是正に応じたプラザ合意の対応などに関して協議した[195]。そして10月に，ブッシュ大統領と胡錦涛国家主席は，為替制度などについて米財務省と中国人民銀行専門家協議会を設置することで合意した[196]。またIMF，世界銀行など国際機関との交流も行った。

3.3 国際世論

様々なチャンネルを通じてアピール・交流を行った結果，多くの米業界，アジア諸国および国際組織の関心が集まり，元切り上げ問題に関する議論がさらに活発になった。日米欧政府の公式見解とは逆に，それらの多くは中国の政策を支持することを表明した。

フォーブスグループ最高経営責任者（CEO）は上海の国際会議で，中国経済の高度成長がアメリカの経済低迷脱出の助けになるとの考えから，人民元切り上げに固執する必要はないと指摘した上で，むしろ経済環境・法整備，税収などに関心を払うべきであるとの見解を表明した[197]。また，アメリカ商業協会のトーマス・ダナヒュー総裁は，北京で開かれた「第1回米中商務理事会」に出席した際に，人民元レートの問題とアメリカの失業問題に直接

---

193) 1983年9月に，中国人民銀行が中央銀行の職能を行使することを正式に国務院は決定した。
194) 中国人民銀行「中国人民銀行とアメリカ財務省は技術合作を展開する予定」2003年10月14日。
195) 『日本経済新聞』2003年9月9日記事。
196) 『日本経済新聞』2003年10月20日記事。
197) 『中新網』2003年9月18日記事，上海で16日から開かれた「フォーブス国際CEO会議」での発言。

の関連性はないとする旨の発言を行った。ダナヒュー総裁は，アメリカの製造業が深刻な衰退を見せている主な要因は，政府による行きすぎた介入や設備の老朽化にあることを指摘し，失業問題についても，それが労働生産率の向上のための人員削減によるものであって，アメリカによる中国への輸出拡大がこの問題解決への糸口になるとの見解を示した[198]。

アジア諸国（地域）においては，まずシンガポールのゴー・チョクトン首相が，10月のASEAN商業・投資サミットで，人民元切り上げは中国経済に不安定要素をもたらすことになると発言した。同首相は，中国は現在，経済の高度成長によって国家の安定を維持していることを指摘し，各国からの圧力に屈する形での無理な人民元切り上げは，中国経済の高度成長に歯止めを掛ける不安定要素になりかねないと中国側に対して慎重な対応を求めた[199]。続いて香港金融管理局任志剛総裁も，今の人民元には切り上げの必要がなく，こうした圧力の多くは政治的な配慮によるもので，経済的なニーズに基づくものではないとの見解を示した[200]。

大きな影響力を持つ国際組織として，IMF，世界銀行とWTOも中国を擁護する立場を取った。IMFのホルスト・ケーラー総裁は，現行の中国の為替政策がかつてアジア通貨危機に際して，アジアと国際経済に対して大きく貢献したことを忘れてはならないとの意見を表明し，また変動為替相場を実施するには各方面からの詳細な意見徴集と慎重な協議が必要であることを指摘した[201]。世界銀行のシニア・エコノミストも，中国の金融システムはまだ脆弱で，この問題が解決されるまでは人民元レートの調整は適切でないとの見解を発表した[202]。さらに，WTOのスパチャイ事務局長も，中国がWTOとの約束の履行に尽力しているこの時期に，人民元切り上げ要求で圧力をかけるべきではないと発言した。同事務局長は，中国のWTOに対する約束は膨大なものであり，必ずその内容を実現してくれるものと信じている

198）『新華網』2003年10月16日記事。
199）『中新網』2003年10月8日記事。
200）『中新網』2003年10月20日記事。
201）『中新網』2003年10月3日記事。
202）覃東海・何帆，前掲論文。

との見解を示した上で，それには各地域との協調体制が必要であることを強調した。

第3節　対立から中国の金融制度改革支援へ

1. 中国経済政策・金融制度改革の加速

　中国政府は日米欧の人民元切り上げ圧力が内政干渉であると主張するかたわら，為替レート形成メカニズムの改善および国際収支バランスを促進するために，さまざまな経済政策，金融制度改革を加速させていった。人民元の兌換貨幣化の実験として，香港特別行政区への個人旅行を解禁し，持ち出せる外貨と人民元の枠も広げた。香港の金融機関に対しては人民元預金・決済業務，人民元建てクレジットカード・サービスも解禁した。

　脆弱な金融システム改革の一環として，2003年4から銀行業監督管理委員会が設立された。各銀行に対し，不良債権を減らすこと，銀行のガバナンス，リスク管理，透明度増加などを求めて，国際会計事務所による監察などの国際スタンダード化が進んでいる。また輸出付加価値税制度改革が行われた。輸出拡大のために1985年から輸出付加価値税制度が実施されていたが，産業構造高度化のために，2003年10月還付税率における改革が行われ（2004年1月1日から実施），それまで還付税率は一律であったが商品によって異なる税率が適用されるようになった。その結果，輸出奨励商品，一般商品，輸出制限商品の順に還付税率が下がった[203]。

　為替形成メカニズムに関しては，その改善のために，以下の改革が行われた[204]。

　① 2002年11月からQFII（指定国外機関投資家）を実施。
　② QDII（指定国内機関投資家）政策の導入に関する積極的な研究の継続。

203）商務部「財務部，商務部，税務総局責任者記者会見」2003年10月14日。
204）中国人民銀行総裁周小川記者会見（2003年9月3日）などを参照。

③　国内企業の海外投資・業務の明確な支持および手続きの簡素化。
④　外資系企業に対する国内資本市場の開放。
⑤　国際金融機関による人民元債券発行業務の開放。
⑥　多国籍企業における統一集中外貨操作の開放。
⑦　住民が海外に持ち出す外貨限度額の拡大。
⑧　海外への外貨持ち出しの簡素化。
⑨　移民・非住民の国内資産に関する海外移動の開放。
⑩　経常項目における各類企業の外貨口座および外貨口座限度額管理における緩和。
⑪　インターバンク市場での双方向取引の開始。

　金融制度改革については，その重要項目として，国有商業銀行の改革が進んでいる。2004年1月に，国務院は中国銀行と中国建設銀行を株式上場の実験企業として，外貨準備450億ドルの資本注入を行い，自己資本比率を高め，海外での株式上場を目指している。銀行改革において最も重要なことは，資本注入，銀行内部での改革拡大，および企業ガバナンス構造の改善を結合させることであるとしている。

　以上の分析から分かるように，変動相場制は金融改革の十分な進展があった後に行うべきであるという中国人民銀行の認識により，日米欧の元切り上げ圧力（変動相場制要求）は，中国の経済政策・金融制度改革に対する大きな原動力となった。また，中国政府はさまざまな改革を加速させることを通じて，長期的にドル・ペッグ制に固執せず，人民元為替相場の形成メカニズムを改善していくことを明らかにした。10月に第16届3中全会で通過した「社会主義市場経済体制の若干の問題に関する決定」の中で，「為替レートの形成メカニズムを改善し，人民元為替レートを合理的で均衡の取れた相場水準に基本的な安定を維持する」と明記された[205]。

---

205) 中国人民銀行「第十六届三中全会精神を学習，中央銀行の業務を全面的に推進」2003年10月20日。

2. 中米貿易摩擦の拡大

　元切り上げ圧力が緩和されたのと同時に，中米間の貿易摩擦がさらに強まった。世界的にアンチ・ダンピング措置が減少しているのに対して，アメリカは中国の繊維製品，カラーテレビ，木製家具，鉄鋼部品などにダンピング調査を開始した。また繊維製品における対中国経過的セーフガード措置の実施，半導体税制の是正を求めてのWTO提訴，および知的財産権保護を理由とする中国製品輸入の制限など，さまざまな分野で摩擦が起こった。

　10月に開かれた上院・国際関係委員会の公聴会で，アメリカの対中貿易赤字が1,300億ドルに達していることがデータとして取り上げられ[206]，深刻な情況に至っていることが強調された。また，中国が為替相場を事実上固定していることにより，アメリカは2000年以来3,000万のビジネスチャンスを失ったとして，中国に対する警戒心を強めた。そして同月に，商務長官エバンスとUSTR代表Zoellickはそれぞれ訪中し，米中間貿易不均衡の解決策を求め，温家宝首相もエバンス商務長官との会談で「中米間貿易の均衡を目指す」と明言した。

　アメリカのバーシェフスキ元USTR代表は，「人民元為替レートは米中間の貿易不均衡の主要な原因ではない」，「中国の対米輸出の多くは，米企業が対中投資して生産したものだ。問題は複雑なのに，人々は為替レートのように単純な目標に飛びついてしまう」[207]，と指摘しているが，対中貿易赤字の解消策として人民元切り上げを要求するアメリカ側に対し，中国側は「貿易不均衡問題」と「人民元為替レート問題」とを別々に対応することにした。人民元為替レート問題の窓口は中国人民銀行とし，貿易不均衡問題の窓口は商務部とした。

　また，貿易摩擦の解決策として，アメリカへの輸出抑制ではなく，積極的な輸入を提案した。アメリカからの輸入を増やすために，貿易代表団訪米による大型買い付けが3度にわたり行われ，60億ドル以上の輸入を契約した。

---

206)『中新網』2003年10月24日記事。
207) 2003年11月3日，「博鰲アジアフォーラム」講演での発言，『朝日新聞』2003年11月3日記事。

表 3.1 中国の外貨準備の推移

		1995	1996	1997	1998	1999	2000	2001	2002	2003
外貨準備高	億ドル	735.8	1,050.3	1,398.9	1,449.6	1,546.8	1,655.7	2,121.7	2,864.1	4,032.5
(増減額)	億ドル	219.6	314.5	348.6	50.7	97.2	109.0	465.9	742.4	1,168.4
(増減率)	％	42.5	42.7	33.2	3.6	6.7	70.0	28.1	35.0	40.8
外貨／輸入	月数	5.8	7.2	9.0	9.2	8.5	7.1	8.5	9.8	11.7
外貨／GDP	％	10.4	12.8	15.6	15.3	15.6	15.3	18.3	23.2	28.5

出所：丸紅経済研究所「中国人民元の行方〈金融・マクロ経済からの視点〉」．2003年数値は筆者追加。

　中国はすでにアメリカ最大の貿易赤字相手国，NAFTAを除いて第1位の貿易相手国となっており，今後米中貿易摩擦がさらに拡大することが予想される。2004年大統領選挙を背景に，ブッシュは国内製造業を意識し，「（現状は）公正ではなく，中国は通貨問題を解決しなければならない」[208]と，「選挙対策」のように国内向けの対中強硬姿勢を示している。他方で，スノー財務長官は為替制度改革に関して中国が行動中であると評価し，具体的な貿易交渉を担当するUSTRも，二国間協議・WTO紛争処理メカニズムなどを通じて解決を目指している。

3. 制度改革支援（被支援）の国際合意

　2003年末，中国の外貨準備は前年に比べさらに1169億ドル増で4,033億ドルに達し，年間外貨準備増が最も多い年であった（表3.1）。輸出入とも大幅に拡大し，2003年貿易総額は37.1％増で，1980年以来増加率が最も多い年であった。その一方で，輸入増が輸出増を上回った結果，貿易黒字は前年より49億ドル減となった。

　人民元為替レートに関して，中国人民銀行は「2003年貨幣政策執行報告」の中で次のような内容を明記した。為替相場の形成メカニズムをより良いものにし，合理的でバランスのとれた相場水準において基本的な安定を維持する。そして，有効なリスク管理を前提として，選択的・段階的に資本取引規

---

208) 2004年1月21日，オハイオ州での演説，『日本経済新聞』2004年1月22日記事。

制を緩和し，逐次資本取引の交換性を実現する。

　ジョン・スノー米財務長官およびホルスト・ケーラー IMF 専務理事は，中国に変動相場制の早期導入を迫るのではなく，現状で上下 0.3% と極端に狭い変動幅を拡大するなどの現実的な改革を促すことで一致した見解を示した。2 月 25，26 日，米財務省および中国人民銀行専門家が中国の金融問題を話し合う初の「米中金融実務者協議」が北京で開かれ，人民元変動幅の拡大や金融システム改革について協議した。さらに米財務省は，人民元改革などを支援するために，北京に常駐するスペルツ専門官を派遣した。また，日本銀行は北京事務所を開設し，その開業式で福井総裁は，東アジア経済相互依存の共同認識に基づき，日中双方が協調関係を複雑化し続けることが今後の重要な課題になるだろうと述べた[209]。

　2004 年 4 月の G7 財務相・中央銀行総裁会議の開幕前に，参加国と中国代表が会合を開き，中国の金融改革や人民元改革が世界経済の成長に重要な役割を果すとの認識で一致した[210]。激しく対立した中国と日米欧政府は，こうしてさまざまな政治的・経済的要素に影響され，多層的な交渉過程を経る中で，対中金融制度改革支援（被支援）の国際合意に至った。中国政府は為替制度改革の第一歩として，2005 年 7 月に人民元の為替レートを対ドル 2% 切り上げる政策の実施に踏み出した。

第 4 節　国際合意の要因

　人民元為替レート問題をめぐる中国と先進国における対立の根本的な原因は，中国の為替の仕組みに対する認識の違いである。日米など先進国は経済学に基づいて次のような認識を持っていた。仮に中国が変動相場制を採用し，中央銀行による市場への介入が一切行われないとすれば，外貨準備が増えない代わりに為替レートが上昇することになる，と。従って，先進国は柔

---

209) 中国人民銀行「日本銀行北京事務所は北京で設立」2003 年 12 月 23 日。
210)『日経新聞』2004 年 4 月 23 日記事。

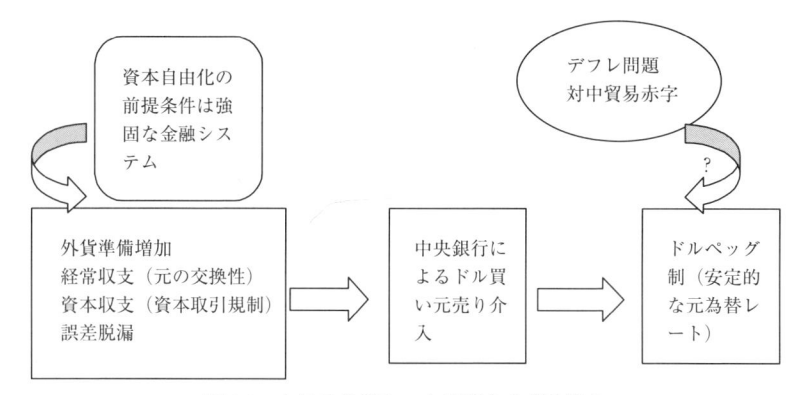

図3.2 人民元為替レート問題をめぐる対立

出所：筆者作成。

軟な為替相場制度（元切り上げ）を中国に要求した。他方，中国の経済学的根拠は異なるものであった。ドル供給が需要を上回ることの原因を為替管理制度（資本取引規制）に求め，為替形成のメカニズムを改善（資本取引規制緩和）すれば，現行の為替レートは上昇することにならない，と考えていた。従って，中国は人民元為替レートが中国経済の実力をおおむね反映していると主張し，先進国の元切り上げ要求を拒否して，安定的な元為替レート政策（ドル・ペッグ制）を維持することを決定した。

日本が主張するデフレ問題およびアメリカの対中貿易赤字問題を，元為替レート問題とリンクさせることによって，問題はさらに複雑になった。「中国が世界にデフレを輸出しているか否か」，「アメリカの対中貿易赤字とアメリカ製造業の失業問題は元為替レートと関係しているか否か」および「元切り上げすべきかどうか」などの問題に関して，経済学者の間でも激しい対立が起こった。日米政府はデフレ問題とアメリカ対中貿易赤字問題を理由に元切り上げを要求したのに対して，中国政府はその因果関係を認めず，元切り上げを拒否した。結果として，政策リンクは中国と日米の対立を深める効果があったと言える（図3.2）。

日米など先進国からの元切り上げ圧力が強まると同時に，外貨準備が急増し，しかも中米貿易摩擦が活発になった。こうした中で国際収支のバランスを調整するために，中国はドル・ペッグ制を維持しながら，資本取引規制緩

和（為替形成のメカニズムの改善）における改革を加速させていった。ただし中国は，経済改革の順序につき，資本自由化の前提条件として強固な金融システムが必要であり，中国の脆弱な金融システム —— 特に国有商業銀行の不良債権問題 —— における改革の十分な進展があった後に資本自由化を行うべきだ，との認識を有していた。結論として，元切り上げ圧力は，中国の資本取引規制緩和に関する改革，および国有商業銀行不良債権問題に関する改革を加速させる役割を果たしたと言える。

　アジア通貨危機後，中国は国家金融安全保障の重要性を認識して，貨幣政策委員会制度を設立した。この制度によって，貨幣政策とマクロ政策の協調が行われ，しかも縦割りの省庁間における協調機能が強化され，同制度は政府首脳および関係省庁間における「同質的な選好」を導く上で決定的な役割を果した。日米など先進国の圧力に対して，政府首脳および関係省庁は一致して元切り上げを否定し，また政府首脳が国際社会の理解を求め続けた結果，IMFなど国際機関および一部の東南アジア諸国は中国の為替政策に賛成する立場に立った。さらに，実務レベルにおいて，中国人民銀行が積極的に先進国の財務省・中央銀行と協議した結果，関係国間で中国の金融制度改革支援（被支援）の国際合意に至った。貨幣政策における中国政府の「同質的な選好」が，国際合意成立に決定的な役割を果したと結論できる。

第 4 章

日中 FTA 戦略の比較—事例研究④

第 1 節　FTA の政治的含意

　域内諸国間における経済相互依存関係の複雑化は東アジアの地域統合を加速させ，FTA[211]の空白地帯といわれたこの地域でも 1999 年以後 FTA 締結への動きが活発化している。東アジアをカバーする「東アジア FTA 構想」が 2000 年 12 月の ASEAN（東南アジア諸国連合）＋3（日中韓）首脳会議[212]の議題となり，作業部会設置が合意された[213]。東アジア域内で日本・シンガポール EPA，中国と香港，マカオそれぞれの CEPA が既に発効している。また，日本・韓国 FTA，ASEAN と中国，日本および韓国それぞれの FTA，日本と ASEAN 諸国間の二国間 FTA などが交渉中である。二国（地域）間 FTA を積み上げて，東アジア地域統合の実現を目指し，諸国間において「東アジア共同体（コミュニティ）」の形成を最終目標とするコンセンサスはできてい

---

[211] FTA は複数の国・地域が関税など貿易障壁を撤廃し，自由な貿易を実現する協定である。EPA（経済連携協定）は，貿易の自由化だけではなく，サービス，投資，政府調達，知的財産権，規格などの相互承認など対象範囲が拡大しているのが特徴である。RTA は地域貿易協定の略。FTA と関税同盟の双方を含む。本章では，狭義の FTA，EPA，RTA を総称して（広義の）FTA と呼ぶことにする。
[212] ASEAN＋3 は，インドネシア，マレーシア，タイ，フィリピン，シンガポール，日本，中国と韓国を指す。
[213] 木村福成・鈴木厚編（2003），9-10 頁を参照。

る[214]）。

　日本と中国は東アジア地域（あるいは世界）の貿易大国である[215]。ある経済学者が指摘している[216]ように，日中貿易は補完関係が強く，貿易創出効果が貿易転換効果を上回り，FTA を結ぶことによって得られる利益が大きい。また日中 FTA が先行して締結されれば，積極的なビルディング・ブロックになって，他のアジア諸国も積極的に加わり，地域統合が加速すると予想できる。分業利益という経済の観点および地域統合における推進効果からみれば，日中は早期に FTA を締結するのが最も望ましいと言える。一方，政治的な理由から中国との経済緊密化に反対する意見も出ている。例えば中西輝政は次のように述べている[217]。「……近年の中国が，経済の発展が減速し始める中で突出した軍事増強路線を続けており，共産党の独裁体制が続く限り，どうしても性急なナショナリズムやアジアの覇権に手を伸ばそうとする志向はなくならないことがはっきりしてきた。日本にとっては，同じ"覇権主義"であっても，このような未成熟で「粗野」な「覇権」よりも，アメリカの成熟した経験済みの「覇権」の方が，誰が見ても相対的には好ましいはずである……」。また，日中間 FTA についてのアンケート調査では，64.4%（348 人）賛成，35.6%（192 人）反対という結果が出ている[218]。実際に，東ア

---

214)「東アジア共同体（コミュニティ）」構想は 2002 年 1 月に小泉純一郎首相により提唱され，2004 年 7 月 ASEAN＋3 外相会議の際に東アジア 13 カ国の賛同を得，域外から反発の声（特にアメリカ）もなかった。

215) WTO 統計によると，2003 年モノの貿易額は日本が第 3 位，中国は第 4 位。

216) 関志雄「東アジア地域統合への道 ―― 基軸となる日中 FTA」，「中国の WTO と FTA 戦略」を参照。

217) サミュエル・P・ハンチントン，鈴木主悦訳（2000）『文明の衝突と 21 世紀の日本』集英社新書への中西輝政による解題。

218) 日刊工業新聞と goo サーチとの共同企画調査。賛成の理由についての自由記述では，「公正で対等な貿易関係の構築」「経済活性化のため」といったポジティブな要素を占める。一方で，「あれだけの土地と人口を持つ大国なので，黙っていては日本がつぶされてしまう」「信用できない」「協定がないと野放しになる」といった，中国に対する不安・不信・脅威を背景ししたネガティブな要素もある。反対の理由について，「今のままでいい」「利点がない」「農業を含む国内で打撃を受ける分野が多くなる」「商習慣などの改善が先」などの記述があげられる。『日刊工業新聞』2005 年 7 月 20 日記事。

ジア二国(地域)間FTA締結・交渉が活発になっているのと対照的に，日中FTAに関しては，2004年10月現在ようやく政府間交渉の準備段階に入ることができ，日本貿易振興機構(ジェトロ)と中国国務院社会科学院の研究会が設置されたに過ぎない[219]。日本はなぜASEAN，韓国とのFTAに積極的で，中国とのFTAに慎重なのか。中国はなぜ競合関係とも言われているASEAN[220]とのFTAを日本，韓国とのFTAよりも先行させることに決定したのか。日中FTAを締結するためにはどんな課題が残されているのか。

　序章で述べたように，FTAは本来的に経済面での各国間の障壁除去による関係強化を意図したものではあるが，その形成には多分に政治的な要因が働いている。各国政府は様々な「国益」を考えてFTA締結を決断する。さらに，実際見込まれる経済的便益よりも，FTAをある国(地域)と結ぶことによって，その国(地域)に対する政治的な影響力を強めるという，いわば政治的な便益がインセンティブになるという側面もある。また地理的近接性に依拠したFTAであれば，その地域全体の安全保障の側面における安定にもつながるであろう。いわばFTAは，グローバリゼーションが進むなかで，各国がそれぞれの生き残りをかけて政治的・経済的利益を確保するための保険のような位置づけになっている。さらに短期的な純経済的便益およびそのような便益への期待に加え，国際社会のなかでの自国の「居場所」を確保するための方策としてFTAが用いられる側面もある。

　本章は東アジア地域統合における日中両国のFTA戦略を比較分析し，国内政治および外交安全保障の視点から前述の疑問を明らかにすることを目的とする。これを考察の対象として選択した理由は，ASEANが日中両国にとって外交安全保障政策に重要な位置を占め，その政策形成において複雑に絡み合う政治的諸勢力の立場と交渉のプロセスがより深く観察できるからである。

---

219) 『読売新聞』2004年10月18日記事。
220) 関志雄「中国の台頭のアジア経済──WTO加盟の影響を中心に」を参照。

第 2 節　東アジア地域統合の試み

　東アジア地域統合を目指す動きは，1990 年にマレーシアのマハティール首相が提案した東アジア経済グループ[221]（EAEG：East Asian Economic Group）まで遡ることができる。マハティール首相は ASEAN 諸国に加えて，日本，中国，韓国から経済協力体を形成し，欧米の貿易保護主義を牽制することを提案した。この構想はアメリカの強い反対を受け[222]，日本なども消極的な姿勢を示したことから，当時は実現に至ることはなかった[223]。しかし 1997 年のアジア通貨危機は，東アジアの枠組における経済協力の必要性を逆説的に証明することとなった。通貨危機への対応の中で，国際通貨基金（IMF）の対処能力の限界を認識した日本は，アジア独自の危機対応メカニズムを構築する必要性を指摘し，アジア通貨基金（AMF）の設立を提案した。この提案も，アメリカの強い反対や中国の消極的な姿勢によって，実現に至らなかったが，金融危機に対応できる独自の協力メカニズムを構築する必要性は，次第に東アジア諸国の共通認識となっていった。東アジアにおける金融協力は，地域諸国間で通貨スワップ協定の締結を目指す「チェンマイ・イニシアティ

---

[221] EAEG 構想は，アメリカおよび EC それぞれ域内経済のブロック強化に対抗するめ，アジア域内経済協力により市場アクセスを高め，域内貿易を拡大することによりほかの経済ブロックに対して拮抗力を持つ必要がある，よの考えに基づいている。対象国について明確に示されたことはないが，ASEAN6 カ国プラス日本，中国，韓国，台湾，ベトナム，ラオス，カンボジアと考えられる。

[222] アメリカは EAEG をブロック化構想だと断じて，それを封じ込めた。1991 年 7 月に，アメリカ国務長官ジェームズ・ベーカーは ASEAN 拡大外相会議に出席するためクアラルンプールを訪れ，激しくマハティールを批判した。その後訪日の際に，日米は「アメリカが入らない組織には，日本も入らない」と事実上の EAEC 不参加の密約を交わした。（『毎日新聞』1991 年 11 月 29 日付朝刊）。

[223] 飯田将史（2004）「中国・ASEAN 関係と東アジア協力」国分良成編，326 頁。

ブ（Chiang Mai Initiative）」[224]として結実した[225]。

1990年代末から，東アジアの経済協力で注目を集めているのがFTAの構築である。1998年の第2回ASEAN＋3首脳会議において，今後東アジア協力の可能性とその方法について，民間有識者による研究を実施することが韓国から提案され，東アジア・ビジョン・グループ（EAVG）が設置された。2000年の第4回首脳会議において，同じく韓国より提案があった「東アジア・スタディ・グループ（East Asia Study Group）」の設置が合意され，同グループによる「東アジアにおける自由貿易地域，自由投資地域」の形成を検討することになった[226]。

1. 日本の動き

日本は1990年代末から，韓国やシンガポールからの2国間FTA締結への働き掛けや国内産業界からのFTAへの取り組みを強化する要望を受けて，通商産業省[227]および外務省内で「WTO一辺倒[228]」からFTAへの転換を志向する動きが起こった。当初東アジアFTAに消極的であった日本は，シンガポールとのJSEPAを2002年11月より発効させており，更に2003年第7回のASEAN＋3首脳会議の際に，日本・ASEANの包括的な経済連携枠組の締結に至った。韓国との交渉も前向きに推進している。ASEANおよび韓

---

224) アジア通貨危機の経験を背景に，1999年の第3回ASEAN＋3（日中韓）首脳会議（フィリピン・マニラ）において，ASEAN＋3各国首脳は「東アジアにおける自助・支援メカニズムの強化」の必要性に言及した。これを踏まえ，2000年の第2回ASEAN＋3蔵相会議（タイ・チェンマイ）においては，東アジア域内における通貨危機のような事態の再発を防止するための二国間通貨スワップ取極のネットワークの構築等を内容とする「チェンマイ・イニシアティブ」が合意された。

225) 同上，327-328頁。

226) 「ASEAN＋3（日中韓ASEAN首脳会議）について」『対外経済政策総合サイト』http://www.meti.go.jp/policy/trade_policy/asean/html/asean-3.html を参照。

227) 2001年度から経済産業省。

228) 2000年10月23日，（社）経済団体連合会，外務省，大蔵省および通産省の共催により，シンポジウム「自由貿易協定と日本の選択」が開催された際，日経新聞社岡部直明氏の発言。

国とのFTAに積極的な姿勢を見せているのと対照的に、経済産業省（以下、経産省）および外務省は中国とのFTA締結を中期目標と位置つけている[229]。中国朱鎔基総理の北東（日中韓）FTA提案に対しても、小泉首相は「日中韓のFTAは中長期的な視点から進めるべきだ。中国はWTOに加盟したばかりであり、状況を見ながら検討したい」と慎重に判断する意向を表明した[230]。

なぜ日本は東アジアFTAに消極的な立場から積極的な立場に転換したのか。その原因は通商政策におけるWTOとFTAについての戦略転換に求めることができる。1990年代において日本はWTOを中心とする多角的な貿易体制の維持・強化を通商政策の中心に据え、二国（地域）間FTAに対して批判的な立場を取り、WTOの場においてFTA審査に厳しく当たってきた[231]。しかし国際的なFTAネットワークの広がり[232]によって、日本は二国間あるいは地域とのFTAを締結しないことによる不利益が顕在化した[233]。産業界は、通商政策の新たな柱としてFTAへの取り組みを強化するよう政府に求め、「WTO一辺倒」から「WTOとFTAを両輪とする通商政策」への戦略転換が確立された[234]。ところが、先進国である日本にはFTAを結ぶ場合、期限付きの例外装置が認められる発展途上国と異なり、GATT第24条「実質上全ての貿易について関税を廃止しなくてはならない」という規定が厳格に適用されるという問題がある。中国やASEAN諸国（シンガポールを除く）とFTAを結ぶ場合、日本国内の農林水産業などセンシティブ産業も自由化し

---

229) 外務省「日本のFTA戦略」、2002年10月、http://www.mofa.go.jp/mofaj/gaiko/fta/policy.htmlを参照、2002年12月5日アクセス。
230) 2002年11月の日中韓三国首脳会議での発言。木村・鈴木編（2003）、148頁。
231) 2000年10月23日、シンポジウム「自由貿易協定と日本の選択」での外務省野上義二審議官の発言を参照。
232) 90年代から、ASEANでAFTAが設立、北米でNAFTA、南米でメルコスールの創設があり、さらにEU拡大などが挙げられる。
233) 例えば、2000年メキシコにおける日本商工会議所が現地日本企業に実施したアンケート調査では、80％の企業が「日墨FTAがないことによるデメリットが既に生じている」と報告した。FTAを締結している欧米企業との競争上、関税差は日本企業にとって極めて不利な状況となる。
234) 2000年10月23日、シンポジウム「自由貿易協定と日本の選択」での経団連貿易投資委員会総合政策部会長團野廣一氏の発言を参照。

なければならず，圧力団体からの強い反発が予想される。それとは対照的に，農林水産業がほとんどないシンガポールとの日本・シンガポールEPA交渉はかなりスムーズだった。また，ASEANと中国は積極的なFTA戦略を打ち出しており，特にASEANは中国以外に，アメリカ，EU，オーストラリア・ニュージーランド（CER），インドなど複数国（地域）とFTA交渉を進めており，これらFTAが成立した場合，明らかに日本経済に負の影響を与える[235]。日本は不利益を避けるためにASEANとのFTA締結を優先的に進めているという事情もあった。

2. 中国の動き

中国は東アジアにおける地域統合の実現を目指しているが，現実的な選択としてASEANとのFTAを先行させることを決定した[236]。2001年ブルネイで開催された首脳会議で，10年以内にFTAを実現することで両者は合意した。その後の実務レベルでの協議において，中国はASEAN側に対する農業分野の早期自由化を提案し，またASEAN内の後発諸国による自由化実現の期限に柔軟性を持たせることを認めるなどにより，提案からわずか2年で「中国・ASEAN全面的経済協力枠組合意」を達成した。中国は北東アジアにも積極的な姿勢を見せている。ASEANとの「枠組合意」に調印するのと並行して，朱鎔基総理は日本，韓国との首脳会談において，日中韓の3カ国によるFTAの可能性について研究することと将来の3カ国間でのFTA締結を提案した。また中国は日本との二国間FTAにも積極的である。

なぜ中国は東アジアFTAに積極的なのか？　その原因は中国のWTO戦略とFTA戦略に求めることができる[237]。中国がWTOに加盟[238]する意義は，①対外開放や市場経済化の加速を国際公約とし，その「外圧」を利用し

---

235) 第4節表4.2を参照。
236) 木村・鈴木編前掲書，17頁。
237) 関志雄「中国のWTOとFTA戦略」，木村・鈴木編前掲書第5章「中国，韓国，台湾，インドの対外通商政策とFTA」などを参照。
238) 中国はWTO加盟交渉に15年をかけて準備を行い，2001年12月正式に加盟した。

て構造改革をさらに推進すること，②貿易紛争処理制度の活用などを通じて輸出の増大が可能となること，③国内市場の開放，国際ルールに則った貿易・経済制度の改革といった投資環境の改善によって，外資導入の拡大が期待できること，などである。WTO加盟2年を過ぎた現時点で，中国の世界経済におけるプレゼンスはますます高まっている。

　WTO加盟が視野に入ってきた2000年末から，中国ではFTAを活用する動きが現れている。中国がFTAを重視する理由として次の点が挙げられる[239]。第1に，輸出市場を確保する必要があるということ。中国はアメリカ・EU市場への依存度が高く，特にアメリカにとって中国は一番の貿易赤字相手国である。1980年代日米貿易摩擦のように，貿易不均衡は中国とアメリカの間で様々な貿易摩擦の原因となっている。アメリカ以外の先進国・発展途上国との貿易摩擦も頻発し，アンチ・ダンピング調査対象国として中国は世界1位を占めている。その対策として輸出市場の分散化が必要であり，特に東アジア近隣諸国の市場に対する期待が大きい。第2の理由は，1997年のアジア通貨危機を契機にして近隣諸国の安定が自分の国益に繋がるという認識を強めた点である。かつて日本のAMF提案に消極的であった中国は，その後危機の拡大を見て，域内金融協力に熱心になり，FTAに関しても積極的な姿勢を見せるようになった。

第3節　中国とASEANのFTA

1. 交渉の経緯

　ASEANとのFTA実現に中国は極めて積極的であった。2000年11月にシンガポールで開催された首脳会議において，中国朱鎔基総理はFTAの実現に向けた研究を提案した。朱鎔基総理は今後ASEANとの協力の重点として

---

239) 関志雄「中国のWTOとFTA戦略」を参照。関はWTOを中心とする多国間の貿易自由化交渉があまり進展していないことおよびAPECに期待できないことも主張したが，東アジア各国で共通しているため，本書では省略することにする。

次の点を挙げている[240]：①中国と ASEAN との政治領域における協力を絶えず強化する。②人的資源の開発を強化する。③メコン川流域の基礎設備建設を進める。④ハイテク技術領域の協力を展開する。⑤農業の協力を複合化させる。⑥貿易・投資関係を複雑化させる。

双方の専門家グループによる研究を経て，翌年 11 月に報告書"Forging Closer ASEAN-China Economic Relations in the Twenty-First Century"が首脳会議に提出され，これに基づいて 10 年以内に ASEAN・中国 FTA を締結することが合意された。その後，高級実務レベルでの協議などを経て，2002 年 11 月の首脳会議で「包括的経済協力枠組協定」が調印された。

本協定では，まず，双方ができる限り早く自由貿易地域の利益を享受できるよう，双方は「アーリー・ハーベスト (early harvest)」を取り決めた。この中で，① 2004 年 1 月 1 日から 500 余りの産品 (主として HS 第 1 類から第 8 類までの農産品) に対して前倒しして関税削減が行われ，2006 年までにこれらの産品に対する関税を撤廃すること，②前倒し分野以外の通常分野産品については，2005 年から関税削減を始め，2010 年までには中国と ASEAN 旧加盟国すなわちブルネイ，インドネシア，マレーシア，フィリピン，シンガポール，タイと FTA を締結し，2015 年までに ASEAN 新加盟国すなわちベトナム，ラオス，カンボジア，ミャンマーと締結すること，③ASEAN の WTO 非加盟国に最恵国待遇を与えること，などが合意されている[241]。

実施に関しては，2003 年 10 月より中国・タイ二国間約 200 種の果物と野菜についてゼロ関税貿易を開始し，2004 年 1 月より中国・ASEAN 諸国間との間で「アーリー・ハーベスト」関税引き下げを実施し始めた。懸念されたモノの貿易の交渉は予定[242]より数カ月遅れて 2004 年 10 月に合意が成立し，2005 年から関税削減を始めることが確実になった[243]。

---

240) 長谷川貴弘 (2004) を参照。
241) 木村・鈴木前掲書，167-147 頁，長谷川前掲論文などを参照。
242) 「枠組み協定」において，分野別交渉の時間配分は，モノの貿易については 2003 年早々に開始し，2004 年 6 月 30 日までに終了することで，サービス貿易および投資の交渉については 2003 年に開始し，できる限り早い時期に終了することで，合意に達した。
243) 中国商務部スポークスマンの発表。『新華網』2004 年 10 月 26 日記事。

2. 政策目的

　中国が積極的かつ柔軟に ASEAN との FTA を締結するのは，経済的側面と政治・外交的側面の両方を重視しているからであるように思われる。具体的なメリットの第 1 は，ASEAN 市場への接近という経済的メリットである。持続的な経済高成長を達成することは，中国にとって最大の政策課題である。貿易依存度が 5 割に達する中国にとって，貿易の拡大，とりわけ輸出の拡大は経済成長の鍵を握る課題である。中国が ASEAN との FTA の締結に積極的な姿勢を示している経済的な理由は，「周辺の国家と地域との間で自由貿易協定をうち立てることは，我が国の産品がさらに有利な貿易条件で相手市場に参入することを可能にするだけでなく，輸出ルートを拡大し，市場の危機を分散し，市場の多元化を推進することになる」[244] ことにあるとされる。

　ASEAN・中国経済協力専門家グループの報告書によると，ASEAN と中国の間で関税率が 0％に引き下げられた場合，ASEAN6 旧加盟国の対中輸出が年間 130 億ドル (48.8％)，中国の対 ASEAN6 が同 106 億ドル (55.1％増) 増加し，実質 GDP は ASEAN6 で 0.86％，中国で 0.27％増加すると試算されている。また，中国政府は第 10 次 5 カ年計画において「走出去（海外進出）戦略」を打ち出し，中国企業の投資先として，ASEAN は有力なターゲットの一つとなっている[245]。

　第 2 は，ASEAN 諸国との政治的な関係の強化，および東アジアにおける FTA に向けてイニシアティブがとれることである。「経済発展に有利な国際環境」の確保，とりわけ周辺諸国との安定した友好的な関係を構築することが，中国外交の重要な政策となる。「積極的に地域経済協力に参加することは，我が国の政治，外交，安全保障上の利益に合致する……」[246] とされている。

　中国はタイ，ミャンマー，ラオスとメコン川流域の共同開発などを進めている。FTA はこうした ASEAN との包括的な協力関係の構築において，テコの役割を果たすことが期待される。またアジア通貨危機以後，急速な経済

---

244) 対外経済貿易協力部長石広生の発言，および飯田前掲論文，333 頁を参照。
245) 木村・鈴木編前掲書，150-151 頁，崔 (2002) を参照。
246) 飯田前掲論文，334 頁を参照。

表 4.1　2002 年中国の ASEAN 各国からの輸入額およびそれに占める一次産品の比率

単位：万ドル

輸入相手国	中国の輸入額	うち一次産品の輸入額	一次産品の比率
ブルネイ	24,181	24,175	100.0
ミャンマー	13,689	13,143	96.0
カンボジア	2,455	1,017	41.4
インドネシア	450,141	208,635	46.3
ラオス	965	944	97.8
マレーシア	929,599	195,608	21.0
フィリピン	321,719	20,870	6.5
シンガポール	705,242	110,928	15.7
タイ	560,226	138,883	24.8
ベトナム	111,528	99,052	88.8
ASEAN10 全体	3,119,745	813,255	26.1
全世界	29,517,000	4,927,100	16.7

出所：許寧寧編『中国―東盟自由貿易区』233-276 頁。

発展を続ける中国に対して脅威論が起こっているが，中国は FTA を通じて国内市場を ASEAN に開放するとともに，より緊密な経済関係を確立させることによって，中国脅威論の払拭を図ろうとしている。

3．センシティブ品目の対応と国内政治

　ASEAN 諸国からの輸入額の 26.1％を占め，しかも ASEAN 諸国が比較優位を持つ農産物に関して，中国は 2004 年 1 月より"アーリー・ハーベスト"関税引き下げを実施し始めた（表4.1）。中国はかなりの譲歩を行い，その結果，ASEAN 諸国との貿易額が急速に伸びている[247]。中国の農業は，WTO 加盟および ASEAN との FTA 締結によって厳しい競争にさらされている。中央政府は農業生産構造の調整を政策課題として掲げており，農業の産業化・効

247）中国商務部統計によれば，中国・ASEAN 間の貿易総額は，2002 年 547.67 億ドル，2003 年 782.52 億ドル，2004 年上半期 477.99 億ドルである。

率化を奨励している。

4. WTO との整合性

中国と ASEAN の FTA では，発展途上国間の FTA 締結を比較的緩い条件で認める授権条項を使用せず，関税貿易一般協定（GATT）第 24 条に整合的な協定を結ぶとしている。また，ASEAN 自由貿易地域（AFTA）のように，まず 5％以下の関税率引き下げを目指すのではなく，関税撤廃を目指している[248]。

第 4 節　日本と ASEAN の FTA

1. 交渉の経緯

ASEAN との FTA 構想に関して日本は当初消極的であった。2000 年 10 月 ASEAN 経済大臣・日本通産大臣会合（AEM・MITT）において，ASEAN 側からの経済統合を検討すべきという提案に対し，日本の対応は慎重であった。その後 2001 年 8 月の AEM・METI において，日・ASEAN 包括的経済連携（Closer Economic Partnership：CEP）専門家グループの設置が決定されるまでの間にも，日本は FTA に特化した議論となることに強い躊躇を示した。こうした日本の姿勢は，日本の農林水産省（以下，農水省）や農水産業関係者，関係議員らの農水産品の市場開放に対する強い抵抗によるものであった[249]。

こうした日本の ASEAN との FTA 交渉に対する消極姿勢を転換する直接の契機となったのが，中国と ASEAN の FTA 締結合意である。中国・ASEAN 間の FTA 合意は，中国の経済的な存在感の増大のみならず，FTA を通じての中国の政治的影響力拡大の意図を，多くの日本の政策担当者に

---

248) 木村・鈴木編前掲書，155 頁，中国商務部スポークスマンの発表（『新華網』2004 年 10 月 26 日記事）を参照。
249) 大庭前掲論文，176 頁。

印象づける結果となった。中国・ASEAN 間の FTA 合意から約 2 カ月後の 2002 年 1 月，小泉純一郎首相は東南アジア 5 カ国（フィリピン，マレーシア，タイ，インドネシア，シンガポール）を歴訪中に，日本にとって初めての FTA となる JSEPA に署名するとともに，「日・ASEAN 包括的経済連携」など協力強化について様々な構想を提案した。さらに 4 月には，日・ASEAN 間包括的経済連携のあり方について政治学者や経済学者など民間の専門家による検討を行う目的で，「日・ASEAN 包括的経済連携構想を考える懇談会」が内閣官房長官決裁によって設置されたことも，ASEAN との連携が重要な課題になったことを物語っている[250]。

2002 年 9 月の第 9 回 AEM・METI において，日本と ASEAN は 10 年以内の早い時期に FTA の要素を含んだ経済連携を完成させることで合意した。この合意を受けて，11 月にプノンペンで開催された首脳会議で「日・ASEAN 包括的経済連携に関する首脳による共同宣言」が採択された。この共同宣言では，日・ASEAN 経済連携は貿易・投資の自由化のみならず，関税手続き，基準認証，非関税措置を含み，かつこれら以外の貿易・投資の促進・円滑化措置，および金融サービス，情報通信技術，科学技術，人材育成，中小企業，観光運輸，エネルギー，食料安全保障など幅広い経済連携を目指すことが示され，10 年以内のできるだけ早期に経済連携を完成させることが明記された。また ASEAN 内の途上国および新規加盟国に対して特別に配慮することも盛り込まれた。

また，この共同宣言の中では，日本と ASEAN 全体との連携に資する形で，日本と ASEAN 各国間の二国間 FTA を進めていくという，いわばバイとマルチの両面作戦による連携推進が合意された。現在，日本はタイ，フィリピン，マレーシアとの間で，それぞれ二国間 FTA 交渉を始めている[251]。インドネシアとの間では交渉開始の準備協議が行われた。

---

250) 同上，176-177 頁。
251) 同上，176-178 頁。

表 4.2　ASEAN との FTA が日本経済に与える影響

	GDP	雇用
日＝ASEAN FTA	約 1.1 兆円～約 2 兆円増加	約 15 万人～約 26 万人創出
中＝ASEAN FTA	約 3,600 億円減少	約 5 万人減少
米＝ASEAN FTA	約 4,600 億円減少	約 6 万人減少

注：経産省川崎研一，ハーテル・板倉による GTAP モデルで試算。
出所：経産省資料より筆者作成。

2. 政策目的

　日本の FTA 戦略においても，経済的な側面と政治・外交的な側面が強く意識されている。経済的な側面においては，FTA を通じて市場の確保と日本経済・企業の構造改革を進めたいという狙いがある。経産省は，既に経済実態として日本企業と東アジアとの結びつきが緊密化していると認識しており，FTA を結ぶことによって，東アジアという巨大市場への優先的なアクセス確保による貿易投資の拡大，共通市場化による経営効率化と収益改善などの純経済的便益のほか，「日本の強みを生かす地域ルールの形成」を狙うとしており，日本を中心とする地域システム構築への意図を示している。また ASEAN との FTA では，他の FTA が成立した場合に日本経済に与える不利益の解消という狙いがある（表 4.2）。

　政治的な側面としては，ASEAN との FTA は，東アジアにおける日本の影響力の確保，および日本が主導する形の地域システムの構築を目指す上での要として位置づけられている。外務省は 2002 年 10 月に，日本にとっての FTA 締結の利益，および FTA を結ぶべき国（地域）の優先順位を確定した「日本の FTA 戦略」を発表した。この「FTA 戦略」のなかで，日本と ASEAN の関係を「一層強固なもの」にすることは「重要な政策課題である」と明記している。日本が ASEAN との連携強化を重視する姿勢の背景として，中国が FTA などを通じて ASEAN との連携を急速に進展させていること，またそれを中国が東アジアにおける経済的および政治的な影響力を強めつつある証左として強く意識したことによって，日本にとっての ASEAN の重要性がよ

り強く認識されるに至ったという事情が見受けられる[252]。

3. センシティブ品目の対応と国内政治

　経済連携における日本とASEAN間の実際の協議において，しばしば日本の特に農水産品の市場開放についての消極姿勢がASEAN諸国側の批判を浴びた。例えば2002年3月にインドネシアで開かれたCEP専門家グループ会合において，ASEAN側から日本が農産物自由化を事実上拒否している姿勢についての強い批判がなされた。また6月の担当者会議においても同様な批判がASEAN側からなされている[253]。二国間FTA交渉においては，農産品の自由化に加えて看護士や介護士など専門職への労働市場開放などについても，日本の厚生労働省や関係団体などの抵抗によってFTA交渉が難航している。ASEAN全体とのFTA交渉に関して，ASEAN側は交渉入りの前提条件として終了期限の明示を強く要求したが，日本側は「期限を決めれば，最終局面で農業分野の譲歩に追い込まれる恐れがある」との懸念から，農水省を中心に強くこれに反発し，全体との交渉も難航している[254]。

　「FTA交渉を政府に任せられない」と危機感を抱いた企業経営者や学者らが2004年3月に，FTA推進を求める「日本活性化のための経済連携を推進する国民会議」[255]を結成した。縦割り行政や農業団体などの抵抗勢力の存在で進まないFTA交渉の舞台を，利害関係者の狭い輪から国民全体に拡大することで，打開策を探ろうという試みである[256]。ASEAN全体とのFTA交渉開始ができないことによる日本の通商政策での立ち遅れを恐れていた中川昭一経産相は，9月に農林水省幹部を呼び「（日・ASEANのFTAについて）交渉開始後2年以内の交渉終了を目指す」と通告した[257]。

---

252) 同上，175-176頁。
253) 同上，177頁。
254) 『毎日新聞—MSN』2004年9月19日記事。
255) 「国民会議」の呼びかけ人は経済学者伊藤元重，事務局は野村総合研究所，日本経団連の奥田碩会長，柴田昌俊教授などが代表世話人で参加している。
256) 『アサヒ・コム』2004年2月12日記事。
257) 『毎日新聞—MSN』2004年9月19日記事。

一方農水省は，かつてはあくまで農林水産物関税の交渉についてはあくまでグローバルな WTO の場で公平かつ透明性の高い方式で行うべきであるという方針から FTA 交渉を真っ向から否定していた。しかし，現在では FTA 交渉が行われること自体は許容しつつ，その相手国との農林水産物をめぐる利害関係を考慮していかに農水関係者にとって「有利」な交渉を進めていくかという，従来に比べて柔軟な対応をとり始めている。日・メキシコ FTA においては，日本側の豚肉，オレンジ果汁，牛肉，鶏肉，オレンジ生果の 5 項目の関税引き下げが合意できた。しかしメキシコより多くのセンシティブ品目を含む ASEAN との FTA 交渉は，依然として国内政治に大きく依存している（表 4.3）。

表 4.3 日本の FTA 交渉におけるセンシティブ品目

交渉相手国		相手国の関心事項	日本の関心事項	センシティブ品目
ASEAN	シンガポール	人の移動，資格の相互承認	投資ルールなど	特になし
	タイ	農産品の自由化，人の移動，観光，人材育成等	関税撤廃，サービス・投資の自由化，知的財産，ビジネス環境整備	鶏肉，砂糖，でんぷん，（コメを例外品目で合意[注1]）
	フィリピン	農産品の自由化，看護士，介護士などの労働市場の開放	関税撤廃，サービス・投資の自由化，知的財産，ビジネス環境整備	看護士，介護士などの労働市場，バナナ，パイナップル，砂糖，鶏肉，マグロ[注2]
	マレーシア	様々な分野	関税撤廃，サービス・投資の自由化など	相手国の自動車高関税
ASEAN 以外	メキシコ	日系マキラドーラ企業の撤退	FTA を欠けることによる日本側の逸失利益	豚肉，牛肉，鶏肉，オレンジ果汁・生果
	韓国	農産品自由化，非関税措置，VISA 廃止	関税撤廃，サービス・投資の自由化，知的財産	水産品，非関税措置，VISA 問題

注：1.『日本経済新聞』2004 年 10 月 12 日記事。
　　2.『日本経済新聞』2004 年 10 月 30 日記事。
出所：筆者作成。

4. WTOとの整合性

　日本初のFTAとなった日本・シンガポール新時代経済連携協定（JSEPA）は，GATT第24条と整合的である。しかも従来のFTAに留まらず，包括的な二国間の経済連携を目指していることが特色である。その対象は「自由化・円滑化」を目指す分野と「経済の連携強化」を目指す分野に大きく分けられる。前者にはWTOにおいて多国間の包括的なルールが定まっていない投資ルールについての取り決めが盛り込まれており，本協定の一つの大きな成果と言える。また後者では金融サービス・情報通信技術（ICT）に関する協力などが特徴的な内容となっている[258]。日本はこの協定を「NAFTAやEU並みの先進的な」FTAと自負している[259]。ASEANとのFTAを含む東アジア諸国とのFTAについても包括的な経済連携を目指している[260]。

第5節　日中FTA締結の課題

　最初の疑問に戻ろう。なぜ日本はASEAN・韓国とのFTAに積極的で，中国とのFTAに慎重なのか。なぜ中国はASEANとのFTAを先行させることに決定したのか。これまでの分析から次の2点が指摘できる。

　第1に，日中両国は「東アジア地域統合の実現を目指す」という共通目標を持っているにもかかわらず，具体的な地域統合のプロセスにおいて，自国の影響力を確保するために，それぞれASEANとの協力関係の緊密化に力を入れている。ASEANをめぐる日本と中国のライバル関係を見て取ることも可能である。日本と中国にとって，「囚人のジレンマ」のように，協力か対立かの政治的判断が必要とされている。

　第2に，FTAを結ぶ場合の関心項目（優先項目）に関しては，日中双方の主張が平行線をたどっている。まず，モノの貿易に最も関心がある中国に対し，日本は農林水産物などセンシティブ品目の市場開放に関して政治勢力

[258) 浦田編（2002），231頁。
[259) 外務省「日本のFTA戦略」2002年10月。
[260) 前述「日・ASEAN包括的経済連携に関する首脳による共同宣言」を参照。

から抵抗が強く，韓国とASEANとのそれぞれのFTA交渉も難航している。最大の輸入相手国である中国とFTAを結ぶことは，日本にとって更なる農産物市場開放を求められることになるため，国内政治で最も抵抗が強いと考えられる。次に，日本は「質の高い」協定締結を目指しており，法制度など投資のルールや知的財産権の保護等に最も関心がある。しかし中国は，まず伝統的なFTA協議を求める意向であり，日本の提案に消極的な姿勢をみせている。日中両国は異なるFTA基準に基づき，それぞれ自国に有利にするためにFTA締結の合理的なプロセスを模索している。

　では，日中FTAを締結するためにはどんな課題が残されているのか。「ライバル関係」に関して言えば，両国は「繰り返しゲーム[261]」の中で，「対立」より「協力」を選択する結果になると思われる。その根拠として，金融協力など事実上の東アジア地域統合における両国間協力が進展していることを指摘できる。しかし「優先項目をめぐって双方の主張が平行線をたどっている」結果，先進国としての日本の市場開放，および発展途上国としての中国の更なる市場化・法制化が，両国FTA締結の最も困難な課題となっている。早期交渉開始および双方の合意できる分野における「アーリー・ハーベスト方式」の活用が解決策になるかも知れない。

---

[261] 囚人のジレンマ・ゲームでの自分の利得は，相手が協力的であろうと非協力的であろうと，自分が非協力の場合の方が大きくなるので，1回限りのゲームでは，共に非協力というのが唯一のナッシュ均衡となる。しかし繰り返しゲームでの利得は時間を通じて現われるので，将来の予想利得は割り引かれる。割引率が十分に小さければ，今相手を裏切って非協力の態度をとることによって得られる一時的な利益を，相手の報復によって将来被る損失が上回るので，共に協力というナッシュ均衡となる。

═══ 第 5 章 ═══

日米貿易摩擦の教訓および日中貿易摩擦の概観

　日中貿易摩擦問題について政策提言を行う際，1960年代から1990年代前半まで長期にわたって続いた日米貿易摩擦の歴史から，（プラスのとマイナスの両方を含む）数多くの教訓を学ぶことができる。また，日中貿易摩擦は日米貿易摩擦の歴史と異なる部分も大いにあるため，日米貿易摩擦との比較を行うことで，日中貿易摩擦の全体的な特徴をよりよく把握できる。本章では，まず日米貿易摩擦の背景，アクターおよび摩擦解消の政策手段を分析し，成功した側面および失敗した側面を明らかにする。このように日米貿易摩擦の特質を明らかにした上で，それと対比しながら，日中貿易摩擦の特徴を明らかにする。

第1節　日米貿易摩擦の経験と教訓

　日米間貿易摩擦のプロセスは，キャッチ・アップ期と対等摩擦期の二つに分けることができる[262]。1970年代の繊維，鉄鋼，カラーテレビ，工作機器などの摩擦は，アメリカの比較優位を失った斜陽産業における日本のキャッチ・アップのプロセスであった。他方，1980年代の自動車や半導体などハイテク関連製品の摩擦のプロセスはそれとは異なっている。これらはアメリ

---
262) 秋山 (1994) 134頁。

表 5.1 日米の主要な貿易摩擦の推移

摩擦項目	主要争点	主要な政策アクター	政策手段
繊維	日本からの輸出	日米政府	1962 年 SAT に基づく日米取極
鉄鋼	日本からの輸出	日米政府，日本の産業界	1966 年輸出規制
テレビ	日本からの輸出	アメリカ産業界と政府	1968 年アンチ・ダンピング提訴
工作機械	日本からの輸出	アメリカ政府と産業界	1978 年最低価格規制
自動車	日本からの輸出	日米政府，日本の産業界	1982 年対米輸出自主規制
VTR・DAD	日本からの輸出	アメリカ政府	1983 年 DAD の関税引上げ
半導体	日本市場へのアクセス[注]	日米政府，両国の産業界	1986 年第 1 次日米半導体取極
MOSS	日本市場へのアクセス	日米政府，両国の産業界	1985 年 MOSS 協議開始
構造協議	日本市場へのアクセス	日米政府，両国の産業界	1989 年日米構造協議開始
包括経済協議	日本市場へのアクセス	日米政府，両国の産業界	1993 年日米包括経済協議開始

注：日本市場への参入を意味する。例えば，法制限，流通制度など。
出所：『通商白書』(平成 4 年版，9 年版) のデータより筆者作成。

カの重要産業であり，圧倒的な国際競争力を誇っているものである。そして，日本にとっても，高技術分野は将来の戦略的産業として重要である。日本の技術水準が高まり，国際競争力が強化されてきた結果，これらの摩擦は先進国間の対等摩擦として生じたと言える。また日米間の貿易不均衡はマクロ経済的な摩擦を引き起こし，プラザ合意に基づき日本円が大幅に切り上げられた。さらに，アメリカは日本国内市場の開放を要求し，基準・認証制度，政府調達，取引慣行，流通制度および経済・産業構造問題も交渉対象になった (表 5.1)。続いて個別産業における貿易摩擦とマクロ的な経済摩擦を別々に考察する。

第 5 章　日米貿易摩擦の教訓および日中貿易摩擦の概観 | 115

1. 個別産業における貿易摩擦の推移

1.1　背景

日本の輸出攻勢に対して，アメリカは輸入制限措置や日本に対して構造改革や為替調整を迫るといった強硬策，いわゆる「ジャパン・バッシング」で対応した。その背景として次の三つの要素が指摘されている[263]。まず，日本経済は極めてダイナミックであり，第 2 の経済大国として特別な存在であったこと。次に，日本の急成長の背景には，アングロ・サクソン流の経済・経営とは異なるシステムがあったと考えられたこと。政府主導の産業政策や円安政策は，アメリカからみると，違っているというだけではなく，「不公正」であるとさえ受け止められた。最後に，日米間には貿易のみならず，安全保障上も極めて緊密な関係が構築されていたこと。日本がアメリカの軍事力に依存するのと引き替えに，アメリカは日本に「外圧」をかけることのできる唯一の国として，経済交渉においても大いにその影響力を行使した。

1.2　アクター

貿易摩擦における主要なアクターは両国の政府[264]，議会および産業界である。産業界が主にロビイング活動を通じて議会に影響を与え，議員が再選を目指して産業界の要望を受け入れるため，本章では産業界と議会の利害関係が一致していると見なす。それゆえ，ここでは議会の動きを省略し，産業界の動きのみを取り上げることにする。

アメリカ政府の通商政策の基本は自由貿易である。しかし自国産業が国際競争力を失い，輸入被害を被った 1970 年頃から保護主義に傾いていった。アメリカ政府は輸入急増の理由が外国の輸出業者が不公正な取引を行っているからだと考えており，こうした不公正な貿易を規制するために，アンチ・ダンピング法や相殺関税法，関税法 337 条，1974 年通商法 301 条などを用

---

263) Bergsten, Ito, and Noland, (2001).
264) アメリカでは大統領，アメリカ通商代表部（USTR），商務省，財務省，国務省などを含む。日本の場合は首相，通商産業省（現在の経済産業省），農水省，大蔵省（現在の財務省），外務省などを含む。

いてきた。また，アメリカ産業界には積極的に訴訟を行う傾向があり，アメリカ企業は取引を失うとき，たとえ相手国に不公正な貿易慣行がみつからない場合でさえ，まず訴訟を行うというプロセスをたどる。これは法的な嫌がらせ (multiple legal harassment) とも言えるもので，輸入を制限するうえで「効果」があると思われる。

日本側はアメリカとの貿易摩擦を避けるために，鉄鋼，カラーテレビ，自動車などの産業において積極的に輸出自主規制を行った。日本はアメリカを最も重要な貿易相手国と考え，政治的にも経済的にもアメリカに大きく依存しているので，紛争を起こすのは得策ではない。また日本株式会社[265]と言われるほど，政府と産業界は強い関係を持っているので，通産省（現在の経済産業省）は輸出を制限するために行政指導を行いやすい。産業界も過当競争を回避し，輸出市場秩序を維持するために，行政指導を受ける傾向にある。

1.3 政策手段

日米貿易摩擦を解決するためアメリカはさまざまな政策手段を採用した。アメリカ産業の中には，輸入競合産業であるために日本からの輸入増加によって損害を被るものもあり，また輸出産業では，日本の市場を開放せよと迫ってきたものもあった[266]。具体的にどのような政策手段が採用されたか，歴史的にみてみよう。貿易不均衡の改善や輸入急増による被害産業の保護のためにとられた最初の手段は，①アメリカの輸入制限である。しかし輸入制限は保護主義となるので，アメリカはそれを好まない。そこでアメリカ政府は次の政策として，②日本の輸出抑制，いわゆる輸出自主規制を行うように，鉄鋼，カラーテレビ，自動車，工作機械などの製品に関して，日本政府にしばしば圧力をかけた。これらの政策は輸入国の産業に対し調整のための一時的な猶予を与えることになるが，貿易の縮小を招き，世界経済の拡大には負

---

265) 日本経済の特徴は政官財が一体となって運営し，世界経済に対して良質な製品を輸出し続けている。また，日本の社会制度はこの経済体制の運営・維持に傾斜しており，教育制度は高度教育を受けた日本株式会社の社員を生み出し続けている。このような見方を背景に，「日本株式会社」という用語が用いられるようになった。

266) 秋山前掲書，139-153 頁。

の影響を及ぼした。

1.4　マイナスの教訓とプラスの教訓

アメリカの輸入制限と日本の輸出自主規制は貿易摩擦を避けるのに良い方法ではあるが，アメリカ企業が努力せずに利益を獲得することができるため，かえって産業の国際競争力の回復を遅らせる結果をもたらした。例えば，アメリカの鉄鋼産業は1970年代以後様々な保護措置の恩恵を恒常的に享受できた（表5.2）。アメリカ鉄鋼産業が高度に組織された労働者に対して製造業の平均賃金を大きく上回る賃金を支払い続けたため，結果的に価格競争力の停滞が慢性化しているという悪循環に陥っている。他方日本産業界は，防衛的対応に終始することなく，より高いクラスの，より高技術の製品に移行する良い機会としてとらえ，産業構造の高度化を実現した。現在日本の鉄鋼産業はアメリカの鉄鋼産業よりはるかに競争力を持っている。日中貿易摩擦の解決策をデザインする場合，これらの影響の正負を問わず，教訓として学ぶことが多いだろう。

2.　プラザ合意の経験と教訓

2.1　背景

1980年代から日米間において国際収支の大幅な不均衡が生じ，産業別の貿易摩擦と同時に，両国間にはマクロ的な経済摩擦も発生した。日米間の貿易不均衡は，1982年に122億ドルの日本の黒字（アメリカの赤字）であったものが，1987年には521億ドルの日本の黒字（アメリカの赤字）へと拡大し，1990年に至るまで幾分減少傾向を示したものの，その後また増加しはじめ，大きな不均衡は現在に至っている[267]。

アメリカの赤字の原因はドル高が主な原因と考えられ，1985年9月にプラザ合意がなされ，ドル高が是正され（表5.3），とくに日本円は大幅に切り上げられた。しかしその後でも，アメリカの赤字幅はあまり改善されていな

267）秋山（1994）135頁を参照。

表 5.2 アメリカ鉄鋼産業に対する主な保護措置

1959 年	アメリカが鉄鋼の純輸入国へ
1969 年 1 月 (～1971 年 12 月)	対米鉄鋼輸出自主規制実施（日本，欧州石炭鉄鋼共同体 6 カ国による）
1972 年 5 月 (～1974 年 12 月)	対米鉄鋼輸出自主規制実施（日本，欧州石炭鉄鋼共同体 6 カ国と英国による）
1976 年 6 月 (～1980 年 2 月)	通商法第 201 条[注1]に基づく特殊鋼の輸入制限措置
1978 年 1 月 (～1980 年 3 月)	第 1 次トリガー・プライス制度[注2]開始
1980 年 10 月 (～1982 年 1 月)	第 2 次トリガー・プライス制度開始
1982 年 1 月	米鉄鋼メーカー 7 社，輸入鋼材 9 品目を対象にアンチ・ダンピング，相殺関税提訴（合計 132 ケース）
1982 年 10 月	米・EC 両国政府は，EC が対米鉄鋼輸出自主規制を実施することで最終合意
1983 年 7 月 (～1987 年 7 月)	通商法第 201 条に基づく特殊鋼 5 品目に対する輸入制限措置
1984 年 10 月 (～1989 年 9 月)	第 1 次対米鉄鋼輸出自主規制協定（VRA）開始（日本等による）
1987 年 7 月	特殊鋼 3 品目の輸入数量規制延長を決定（1989 年まで）
1989 年 10 月 (～1992 年 3 月)	第 2 次対米鉄鋼輸出自主規制協定（VRA）開始
1992 年 6 月	米鉄鋼メーカー 12 社，厚板，熱延・冷延薄板，表面処理鋼板の 4 品目を対象にアンチ・ダンピング，相殺関税提訴（合計 84 件）
2000 年 3 月 (発動中)	通商法第 201 条に基づく鉄鋼線材，溶接ラインパイプに対する輸入制限措置
2002 年 3 月 (発動中)	通商法第 201 条に基づくスラブ，鉄板類，条鋼類，鋼管類，ステンレス類に対する輸入制限措置

備考：すべての保護措置が網羅されているわけではない。
注：1. 通商法第 201 条がいわゆるセーフガード措置に基づくもの。
　　2. トリガー・プライス制度とは，最も効率的な外国の適性コストに基づくトリガー・プライスを定め，輸入価格がこれを下回る場合には財務省が自動的にアンチ・ダンピング法の手続を開始するというもの。
資料：経済産業省作成。
出所：『通商白書 2002 年版』94 頁。

表 5.3　プラザ合意関連主要会合の要約

会合 ＼ 討議項目	為替政策	マクロ経済政策	その他
日米パリ会合（1985 年 7 月 23 日）		日米双方の政策パッケージ討議	
日米ハワイ会合（1985 年 8 月 21 日）		同上	
ロンドン G5 代理会議（1985 年 9 月 15 日）	結論出ず	プラザ合意文案検討	
プラザ G5（1985 年 9 月 22 日）	ノン・ペーパー[注1]に基づきドルの調整目安幅まで議論	G5 国の政策意図表明	
ソウル G5（1985 年 10 月 5 日）	プラザ G5 以来の進展に満足	米，日，独の経済状況討議	途上国債務問題についての「ベーカー・イニシアティブ」
ロンドン G5（1986 年 1 月 18 ～ 19 日）	プラザ G5 以来の進展を後戻りさせないことに合意	協調金利引下げかに注目	イタリアの G5 参加問題
ワシントン G5（1986 年 4 月 8 日）	為替レート調整につき日米の認識不一致	日本，貯蓄優遇税制に言及	同上一通りの討議
東京サミット（1986 年 5 月 4 ～ 6 日）			G7 大蔵大臣会議の創設
パリ G5 代理会議（1986 年 5 月 29 日）			マクロ経済指標による自動的政策協調排除

注：外交専門用語で非公式交渉に使われる書類を"nonpaper"という。
出所：近藤健彦 (1999)『プラザ合意の研究』29 頁。

い。秋山が指摘したように，それはアメリカ経済の消費指向が強く，そして輸入に大きく依存する経済構造をもっているからであり，逆に日本は貯蓄性向が高く，輸出指向の産業構造をもっているからである。両国の貯蓄・投資のマクロ的不均衡や相反する産業構造があるかぎり不均衡は継続すると思われる。この状況において，アメリカは自国企業が国際競争力をもっている農業，林業，薬品，高技術製品などに対して，日本国内市場を開放するように要求した。そして日本の輸入を拡大するために，基準・認証制度，政府調達，取引慣行，流通制度などの輸入障害の改善を行うよう求めた。そしてさらに，

マクロ経済問題や経済・産業構造問題が討議され，交渉対象となった[268]。

2.2 アクター

個別産業の貿易摩擦の交渉過程においては，第2章・第3章で言及したように民間団体が重要な役割を果たしていた。対照的に，マクロ経済摩擦の交渉過程では，民間団体は主要なアクターとして現れず，交渉結果は各国政府間の駆け引きと国内制度に大きく依存していることを指摘できる。

世界経済に大きな影響を与えることとなったプラザ合意は，第2期レーガン政権のジェームズ・ベーカー（James A. Baker, III）財務長官，リチャード・ダーマン（Richard Darman）財務副長官などによって立案されたと考えられる。プラザホテルでの先進国5カ国大蔵大臣・中央銀行総裁会議（G5）に至るアメリカ側の基本的な構想が日本側に知らされたのは，同年7月23日パリでの日米非公式会合であった。この会合でアメリカ側は，「円ドル・レートと経常収支の赤字・黒字が世界経済の不安定要因である。日米双方において緊急に対策を取り，市場に印象づける必要がある。日本については，円レート，過度に外需に依存した成長，国内貯蓄・投資のアンバランス，および市場の閉鎖性の四つが問題である」と指摘し，アメリカについては財政赤字の削減，金融政策，税制改正，協調介入を，日本については投資と消費促進の税制改正，金融政策，協調介入，金融・資本市場自由化を，それぞれ骨組みとしてはどうかと提案したが，日米政策パッケージをまとめるには至らなかった[269]。

1985年9月22日，アメリカ，イギリス，フランス，日本，西ドイツ（G5）の大蔵大臣・中央銀行総裁会議[270]がプラザホテルで開かれ，次の内容につ

---

268) 秋山同上，135頁。
269) 近藤（1999）3-10頁を参照。
270) アメリカからはベーカー（James A. Baker）財務長官，ヴォルカー（Paul Volcker）FRB議長；西ドイツからはストルテンベルグ（Gerhard Stoltenberg）大蔵大臣，ペール（Karl Otto Pöhl）ドイツ連銀総裁；イギリスからはローソン（Nigel Lawson）大蔵大臣，レイニペンバートン（Robin Leigh-Pemberton）英蘭銀行総裁；フランスからはベレゴヴォワ（Pierre B?r?govoy）大蔵大臣，カムドシュ（Michel Camdessus）フランス中央銀行総裁；日本からは竹下登大蔵大臣，澄田智日本銀行総裁が出席。

いて合意した。プラザ合意は，G5国がインフレなく，かつよりバランスの取れた経済成長を持続・加速するため，各国個別に，または協調して，経済政策を継続・追加する意図を表明したものである。また大蔵大臣と中央銀行総裁は好ましい経済パフォーマンスと経済政策の収斂を認識しつつも「(G5)国々の間の基礎的経済条件（ファンダメンタルズ）の最近の変化が，為替市場に十分反映されていない」として，通貨当局が非ドル通貨の秩序ある上昇のためにより緊密に協力することを約束した。当時の日米関係は中曽根・レーガン両首脳の名をとって「ロン・ヤス関係」と言われたが，プラザ合意は第2次大戦後の日米経済関係での協力のピークとなる出来事であったかもしれない[271]。

2.3 政策手段

　日米間の貿易不均衡を改善するために主に三つの政策手段が使われた。すなわち外国為替相場の調整，内需の拡大，経済構造の見直し・再編成である。しかしこれらの政策が全部成功したわけではない。まず外国為替相場の調整について，1985年のプラザ合意によってドル安・円高が定着すると，アメリカから日本への輸出品を割安にし，逆に日本からアメリカへの輸出品を割高にした。急激な相場の変更によって日本の対米輸出量は減少したが，貿易不均衡は改善されなかった[272]。2005年現在も依然として，日本の巨額の対米貿易黒字が続いている。

　次にアメリカは貿易収支を改善するために，財政政策によって国内需要を拡大することを日本政府に求め，それによる対日輸出拡大を期待した。しかし，アメリカの期待に反して，対日輸出は増えなかった。なぜなら，日本の輸入需要の所得弾力性がそれほど大きくないから輸入拡大は期待できず，むしろ輸出に向けられていた財を国内で消費することによって輸出の抑制効果につながったと思われる。日本の経済構造は輸出指向型に形成されており，日本は天然資源を輸入し，それらを加工して製品として輸出する。日本の

---

271) 近藤前掲書，12-32頁を参照。
272) 秋山 (1994) 140-141頁を参照。

GNPも輸出によって引っ張られる輸出主導型である。輸出指向型経済構造は，産業の国際競争力を強めたため，その結果貿易黒字をつくることになる。調和のとれた世界貿易の発展のために，日本には輸出指向型経済構造から内需主導型経済構造に転換すること，および国内市場の開放が求められる[273]。

最後に，経済構造の見直し・再編成が1989年以後日米貿易交渉の焦点となった。アメリカから日本への改善要求としては，大規模小売店舗法のように外国製品の参入を妨げる流通制度，外国企業が日本市場へ自由に参加できない障壁とされる企業の系列化，高い地価を黙認している土地政策，談合などの排他的な取引慣行，消費を抑え，貯蓄を優先する性向や社会基盤への投資不足といった貯蓄・投資パターン，日本市場が海外市場より物価が割高になっている内外価格差，などが取り上げられた。一方，日本からアメリカへの要求として貯蓄・投資パターン，企業の投資活動と生産力，企業行動，政府規制，研究開発，輸出振興，労働者の訓練と教育の改善項目などが挙げられている。これらの経済構造改革の基本目的は，経済・産業構造の全体的枠組や方向性を変えることである。そのため歴史や文化・社会と密接に関係しており，その調整に長い時間がかかる。即効性は期待できないので，長期的な視点に立つことが求められる[274]。

2.4　プラザ合意のマイナスとプラスの教訓

プラザ合意は日本経済に「円高不況」をもたらした。円高が製造業に決定的なダメージを及ぼし，景気悪化が加速して深刻な状況に陥ることへの懸念が広がった。輸出関連製造業が集積している地域では，輸入品との厳しい価格競争に晒されることになった地場産業などへの影響は極めて大きく，生産設備の縮小や廃業などの動きも多く見られた。こうした「円高不況」に対して日本政府は公共投資の拡大や中小企業対策を本格化させた。また金融政策の面でも1986年1月から1987年2月にかけて5回にわたる金融緩和を実施し，この間の公定歩合は5％から2.5％まで引き下げられた。政府はさらに

---

273) 秋山同上，141-142頁を参照。
274) 秋山同上，142-143頁を参照。

1987年5月，4兆円を上回る公共投資と約1兆円の減税を柱とする総額6兆円規模の「緊急経済対策」を実施して景気回復を一段と確実なものにした。その後，日本経済は順調に回復し1980年代後半のバブル景気へと入っていくことになるが，後年の実証分析によれば，円高不況の後半における追加金融緩和や大規模な緊急経済対策が行き過ぎたこともバブル発生の一因となっていたという指摘もある[275]。

一方，円高のプラスの教訓も忘れてはならない。円高によって日本の産業構造は大いに高度化し，世界有数の国際競争力を持つに至った。甘受できる範囲であれば，通貨高は産業を質的に転換させて，高度化させる。国民にとっても，ドルベースでの所得が増え，生産水準の高度化にもいっそう弾みがつく。人民元切り上げ問題についての改革の道筋を作る際，中国政府はこれらの教訓を，その正負を問わず学ぶべきだろう。

第2節　日中貿易摩擦の概観

前節では1990年代前半まで続いた日米貿易摩擦の特質，経験と教訓をまとめた。1990年代後半から中国の世界貿易におけるプレゼンスが高まり，貿易摩擦の主役は日本から中国へシフトしてきている。2008年現在中国はアメリカ，ドイツに続いて第3位の貿易大国であり，日米欧とも対中貿易赤字が急増している。以下では日中貿易摩擦の背景を紹介し，それを踏まえて，アクターおよび政策手段を日米貿易摩擦と比較しながら，日中貿易摩擦の全体像を明らかにする。

---

[275] 中島厚志編（2004），182-189頁を参照。

1. 個別産業における貿易摩擦

1.1 背景

(1) 日中貿易急増の歴史的背景

日中貿易は，1980，90年代を通じ，中国の改革開放政策に伴ってかなりの伸び率で増加してきた。家電・バイク・自動車・工作機械などの分野では，日本のブランド（トヨタ，日産，松下，東芝・ソニー等）は高品質の代名詞として中国で広く知られるようになった。一方，中国の食料品（加工・非加工），繊維製品，半導体部品などが，日本市場に大量に流入している。2004年の貿易量は，1980年の約18倍にも膨脹している（図5.1）。2004年から中国（香港を含む）はアメリカを抜いて日本にとって第1の貿易相手国になっている（日本財務省統計）。中国にとって，2003年以前には日本は最大の貿易相手国であったが，2004年からは，EU[276]，アメリカにつづいて第3位の貿易相手国になっている（中国商務省統計）。1980，90年代は，日中貿易の言わば蜜月期であった。政治問題になるような貿易摩擦はほとんど見られなかった。しかし2000年末には，農産品，繊維製品等の"洪水のような"[277]輸入急増を背景に，日本の様々な業界（わかめ，しいたけ，ねぎ，うなぎ，合板，ニット，ネクタイ，靴下，タオル，割り箸，自転車等）がセーフガードの発動を政府に求め，日中貿易摩擦の幕が開かれた。

(2) 日中貿易統計の食い違い

日本側の貿易データによると，1989年から日本の対中経常赤字が著しく拡大してきた。日本の貿易相手国上位5位の中で，対中国の収支だけは赤字であり，2001年には272億ドルにものぼった。輸出入のアンバランスは貿易摩擦を引き起こし，日本の政治家・行政官僚・利益団体の強い要請により当局は貿易交渉をせざるを得なかった。一方，中国側の貿易統計では正反対の

---

[276] EUの構成国はベルギー，デンマーク，フランス，ドイツ，ギリシア，アイルランド，イタリア，ルクセンブルク，オランダ，ポルトガル，スペイン，イギリス，オーストリア，フィンランドおよびスウェーデン。

[277] 日本椎茸農業協同組合連合会代表理事である小川武廣の発言。小川武廣（2001）「セーフガード絶対必要，中国は内需拡大を」『日経ビジネス』2001年6月18日。

図 5.1 日中貿易の推移

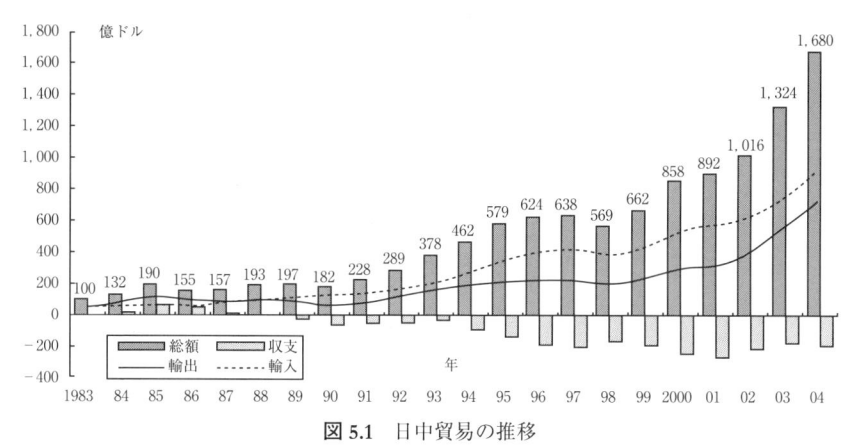

注：財務省貿易統計。ただし、96年以後は、大蔵省貿易統計に基づき日本貿易振興会がドル建で換算したもの。
出所：財団法人日中経済協会ホームページ（http://www.jc-web.or.jp/data/e_data/trade/index.htm）。

結果が出ている。中国にとって、中日貿易関係は対外経済貿易関係の中で重要な地位を占めている。1994年から日本は中国にとって最大の貿易相手国になっており、中国の外国資本吸収・技術導入の主要な相手国である。同時に日本は中国政府に対する援助（ODA）の最大の提供国でもある。特に2002年以後、両国はお互いに相手国に対する赤字を主張しており、貿易摩擦の主な原因の一つになっている（表5.4）。

日中貿易統計の違いの主要原因は、原産地基準にあると指摘できる。貨物の原産地とは一般的に貨物の生産地をさす。貿易貨物の原産地は貿易管理において重要な項目とされている。その理由は以下の三つである。第1は、輸入貨物の原産国によって違う関税率が適用されるため。第2は、アンチ・ダンピング税、補助金相殺関税、数量割当など管理貿易が行われる場合、輸入貨物の原産国がベースになるため。第3は、FTA等協定が結ばれた場合、第3国の投機を防止する為に原産地標準が厳しく制限されているためである。輸入統計において、ほぼ全ての国は、原産国標準を採用している。

日中貿易は、三角貿易というパターンが多い。中国が世界貿易ネットワークの中で独自の役割を担い、大量の中間財をほかの東アジア諸国から輸入し、大量の最終製品を世界中に輸出している。日本への輸出も香港など第三国・

表 5.4　日中貿易統計の違い

単位：億ドル

年	中国側統計データ			日本側統計データ		
	対日輸出	対日輸入	バランス	対中輸出	対中輸入	バランス
1983	44.6	46.2	− 1.6	49.1	50.9	− 1.8
1984	53.5	73.7	− 20.2	72.1	59.6	12.5
1985	56.1	108.2	− 52.1	124.8	64.8	60.0
1986	43.6	95.0	− 51.4	98.6	56.5	42.1
1987	59.2	72.4	− 13.2	82.5	74.1	8.4
1988	72.9	73.4	− 0.5	94.8	98.6	− 3.8
1989	81.4	65.1	16.3	85.1	111.5	− 26.4
1990	88.7	40.6	48.1	61.3	120.5	− 59.2
1991	102.2	100.3	1.9	85.9	142.1	− 56.2
1992	116.8	136.8	− 20.0	119.5	169.5	− 50.0
1993	157.8	232.8	− 75.0	172.8	205.6	− 32.8
1994	215.7	263.2	− 47.5	186.8	275.6	− 88.8
1995	284.6	290.0	− 5.4	219.3	359.2	− 139.9
1996	308.7	291.8	16.9	218.9	405.3	− 186.4
1997	318.2	289.9	28.3	217.8	420.4	− 202.6
1998	296.9	282.1	14.8	200.2	369.0	− 168.8
1999	324.0	337.7	− 13.7	233.3	428.5	− 195.2
2000	416.5	415.1	1.4	304.4	553.4	− 249.0
2001	449.6	428.0	21.6	311.0	583.0	− 272.0
2002	484.4	534.7	− 50.3	398.7	616.9	− 218.2
2003	594.2	741.5	− 147.3	572.4	751.9	− 179.5
2004	735.1	943.7	− 208.6	738.3	942.2	− 203.9

注：中国側統計は『中国対外経済貿易年鑑』各年版，日本側統計は財務省データによる。
出所：筆者作成。

地域を経由した間接貿易，中継地域における貨物価格の上昇を含む。こうした香港経由貨物は，中国税関統計では香港に輸出したものと見なされる。しかし，日本の財務省の統計では原産地中国の貨物と見なされ，中国から輸入したことになる。すなわち数量ベースは同じでも，価格ベースでは香港においての貨物価格の上昇（積替費用，香港企業の利益など）も含まれることにな

る。日中貿易摩擦に関する分析では，常にこの貿易統計の違いという問題を考えなければならない。

(3) 中国と先進国間の貿易摩擦急増

日米欧は，中国にとって主要な貿易パートナーであり，同時に深刻な貿易摩擦の相手国（地域）でもある。2002年の日米欧との貿易額は，中国の総輸出入額の46％を占め，繊維製品，家電製品，鉄鋼製品，農産品，知的財産権問題などに関する貿易摩擦も，主にこれら先進国との間に発生している。2003年6月まで，アメリカとEUの対中アンチ・ダンピング課税は193件にのぼり，対中アンチ・ダンピング課税総件数の36.61％を占める[278]。対中セーフガード措置も主にアメリカと日本によって発動されている。2005年に入ってから，アメリカとEUとの繊維製品に関する摩擦はますます拡大している。

中国は先進国のなかで，アメリカとの貿易摩擦が一番深刻になっている。巨額の対中貿易赤字の存在によって，アメリカではさまざまな産業界および議会から，中国製品に対するアンチ・ダンピング提訴やセーフガード申請，対中特別セーフガード申請，人民元切り上げ要求などが活発になっている。対照的に，EUとの貿易摩擦では主に中国製品に対するアンチ・ダンピング提訴，日本との間では数件のセーフガード措置（暫定発動あるいは発動要請）に留まっている。今後中国の経済成長が続く限り，日米欧との貿易摩擦はますます拡大し深刻化することが予想される。

1.2　日米貿易摩擦との相違点

まず「ジャパン・バッシング」の背景として指摘された三つの要素について，日中と日米の貿易摩擦の類似点と相違点を考えよう[279]。前節で述べたように第1点は，日本経済は極めてダイナミックであり，第2の経済大国として特別な存在であったことである。第2点は，日本の急成長の背景には，アングロ・サクソン流の経済・経営とは異なるシステムがあったことであ

---

278) 中国社会科学院財貿所課題組（2004），19頁。
279) 関志雄「日米貿易摩擦から日中貿易摩擦へ —— 歴史から学ぶべき教訓」『中国経済新論』http://www.rieti.go.jp/users/china-tr/jp/index.htm

る。そして第3点は，日米間には貿易のみならず，安全保障上も極めて緊密な関係が構築されていたことである。日本がアメリカの軍事力に依存するのと引き替えに，アメリカは日本に「外圧」をかけることのできる唯一の国として，経済交渉においても大いにその影響力を行使した。

第1，第2の点については日中間にも当てはまる。すなわち，中国は1980年代以後GDPベースで平均10%の高成長を遂げており，遠くない将来にアジアにおける経済大国になるだろう。また中国はいまだに共産党一党独裁の政治体制をとっており，経済制度においても社会主義市場経済を主張しているため，日本の経済システムとは異質である。しかし，日中間には日米間の第三点に当たる安全保障面での協力が欠如している。歴史認識問題・靖国神社参拝問題などを抱える日本は，中国政府に対して「チャイナ・バッシング」政策をとるのは考えにくい。

これに加えて日中貿易摩擦と従来の日米貿易摩擦との相違点が他にもある。まず，日中貿易摩擦は1970年代以前の日米貿易摩擦と最も類似性が高く，日本が先進国としての比較優位を失った斜陽産業における中国のキャッチ・アップのプロセスであり，先進国間の対等摩擦ではない。1970年代において日本はすでに高い技術レベルに達しているのに対して，中国は多国籍企業（特に日本企業）の技術に大きく依存している。これを反映して，両国の関係は補完的であり，日米関係よりも，NAFTAを通じて経済の緊密化を図るアメリカとメキシコの関係に類似している。次に，日本の対米輸出は，輸出国である日本の企業によって行われるものであるのに対して，中国の対日輸出の多くは，直接投資や開発輸入などを通じて，輸入国である日本の企業が深く関わっている。従って，中国で生産に取り組み，その製品を日本に逆輸入しようとする業者は輸入制限に反対するため，このような日中経済関係の構造は，両国間の貿易摩擦に歯止めをかける力として働いている。

また，日中貿易摩擦は両国貿易統計の違いによって，お互いに対相手国貿易赤字を主張し，相手国からの輸入急増を理由に輸入制限政策をとっている。農産品，繊維製品など労働集約産業においては，中国製品の競争力が高く，日本の業界ではセーフガード発動などの政府への要請が活発になっている。一方，鉄鋼産業，化学製品，造船など技術集約型産業においては日本製品の

競争力が高く，中国を大きな市場としてとらえ，「中国特需」と言われるように，対中国輸出が大幅に拡大している。その結果，中国の同業界の反発を招き，アンチ・ダンピング措置など中国の輸入制限政策を受けることになる。つまり，日米貿易摩擦において，アメリカは一方的に日本市場の閉鎖性を批判し，日本の市場開放を要求したのに対して，日中貿易摩擦では，両国とも相手国の市場における非関税障壁を批判しているのである。具体的には，日本は中国の自動車産業への補助金[280]，化学製品初回輸入登録制度[281]，半導体に賦課される増値税（付加価値税）還付制度などの見直しを，中国は日本の冷凍野菜の農薬残留基準などの見直しを，それぞれ要求したことがある（表5.5）。

　最後に，国際貿易体制の変貌と深まる東アジア経済の相互依存関係に注目すべきである。GATT が WTO に発展的解消し，メンバー間の紛争処理メカニズムが大幅に強化されている。日中貿易摩擦の解決に当たって，二国間の交渉を補完する形で，WTO 紛争処理メカニズムの活用も期待できる。また東アジア地域内貿易が急増しており，中国が日本，NIEs[282]の技術に大きく依存すると同時に，中国市場は日本・NIEs・ASEAN[283]の経済に相当程度貢献している。東アジア地域統合（東アジア FTA）の必要性は，域内諸国の共通認識となりつつある。

---

280) 政府は補助金による国内産業の保護を行っている。自動車産業への補助金には国産化率達成要求が付されている。経済産業省通商政策局編 2003 年版『不公正貿易報告書』123 頁を参照。

281) 化学品の輸出入については，初回輸入および有毒化学品の輸出入環境管理規定により，外国企業およびその代理人が中国に化学品を輸出しようとする際には，国際水準と比べると高額の登録費用を徴収して当該化学品を登録させていた。さらに，本制度は，中国国内での製造・使用実績の有無に関わらず，化学品を初めて輸出しようとする企業毎・製品毎に，5 年ごとの登録を義務付けている。経済産業省通商政策局編前掲書，136 頁を参照。

282) 韓国，台湾，香港とシンガポールを指す。

283) インドネシア，マレーシア，タイとフィリピンを指す。

表 5.5　日中間における主な貿易摩擦

摩擦項目	主要争点	主要な政策アクター	政策手段
ネギ, 生しいたけ, 畳表農産品3品目	中国からの輸出	両国政府と産業界	暫定的セーフガード, 官民協議
中国産冷凍ホウレンソウ	中国からの輸出（残留農薬基準値）	日本政府と産業界	輸入自粛
ショウガ, ニンニク, ワカメ, ウナギ, 割箸	中国からの輸出	両国の産業界	民間協議
タオル	中国からの輸出	日本政府と産業界	繊維セーフガードに関する調査, 繊維協議
鉄鋼製品	日本からの輸出	両国政府と産業界	セーフガード, 鉄鋼官民対話
化学製品	日本からの輸出	両国政府と産業界	アンチ・ダンピング措置, 化学品官民対話
知的財産権	中国の模倣品, 海賊版製品	両国政府と日本の産業界	法律整備, 罰則強化

出所：筆者作成。

1.3　アクター

　日米貿易摩擦を避けるために輸出自主規制を行ってきた日本産業界には，中国からの輸入急増に対して意見対立が見られる。国内生産を重視する業者はセーフガードなど輸入制限政策に賛成するのに対して，対中直接投資を行う業者は反対の立場に立っている。政府の中で省庁間の意見対立も見られ，農水省が国内生産者保護をするのに対して，経産省は自由貿易政策・FTA締結などに重点を置いている。また貿易摩擦を避けるために，政府は輸入制限政策よりも業者の輸入自粛を好む[284]傾向がある。

　中国政府と産業界は，日本の場合と似たような比較的緊密な関係を持っている。持続的な経済急成長を背景に，中国は先進国との貿易摩擦が拡大し，特に欧米からアンチ・ダンピング措置，セーフガードなどの輸入制限を頻繁

---

[284] 例えば，2002年中国産冷凍ホウレンソウの残留農薬問題をめぐって，厚生労働省は，業者に対して輸入を自粛するよう指導し，輸入業者の検査を強化させた。これによって中国からの冷凍ホウレンソウ輸入が完全に停止した。

に受けている。WTO加盟を機に，政府はセーフガード，アンチ・ダンピングや相殺関税に関する法律を整備し，行政処理能力向上を図っている。先進国の輸入制限から被害を受けつつも，中国側は輸入制限を積極的に使う傾向がある。

1.4 政策手段

　日中貿易摩擦を解決するために使われた政策手段は，日米貿易摩擦の歴史と明らかに違う（表5.6）。まず，輸入急増による貿易摩擦の解決策として，日本は①輸入自粛を好むのに対して，中国はセーフガード措置やアンチ・ダンピング課税などの②輸入制限政策を頻繁に発動している。日米貿易摩擦の歴史（アメリカ鉄鋼産業の例）からの教訓として，これらの政策（輸入自粛と輸入制限）はかえって産業の国際競争力の回復を遅らせる結果をもたらすため，積極的に採用すべきではないと言えるだろう。

　つぎに，日本と中国はともに③輸出促進政策を重視している。この輸出奨励政策は，両国の経済成長や貿易拡大に大いに貢献し，世界経済にもプラスの影響を持つ。しかし反面，あたかも集中豪雨のような輸出増によって，日本と欧米諸国間および中国と日米欧諸国間の貿易摩擦が引き起こされ，今も続いている。巨額な貿易赤字を抱えるアメリカにとって，企業の輸出促進策が重要であることを否定しないが，日本と中国はアメリカとは逆に，巨額の貿易黒字を抱えており，輸出促進よりも国内市場開放のほうが重要と言えよう。

　最後に，農産品・タオル・鉄鋼製品・化学製品，自動車などの日中間貿易摩擦の解決（予防）策として，官民協議（官民対話，民間協議）が大きな役割を

表5.6　日中間ミクロ・レベルの政策

日本	中国	効果
①輸入自粛 ②輸入制限	②輸入制限	貿易摩擦解決に有効，貿易縮小，世界経済にマイナス
③輸出促進	③輸出促進	貿易摩擦増加の恐れ，貿易拡大，世界経済にプラス
④官民協議	④官民協議	貿易摩擦の予防・解決に有効

出所：筆者作成。

表 5.7　日中間経済産業協議網

(1) 包括的な協議[注1)]
・経済産業省と国家発展改革委員会との定期協議（日中高級事務レベル協議）：1980 年に創設，2004 年まで 25 回開催
・経済産業省と商務部との定期協議：1990 年に創設，2004 年まで 10 回開催
・経済産業省と中国国家経済貿易委員会との定期協議：1994 年に創設，2002 年まで 7 回開催
・日中経済パートナーシップ協議：2002 年創設，2004 年まで 3 回開催
(2) 分野別協議[注2)] および構成メンバー
・日中繊維貿易定期協議：日本繊維輸入組合・輸出組合，中国紡織進出口商会[注3)]
・日中絹製品定期協議：日本外務省アジア太平洋局，経済産業省製造産業局，中国商務部[注4)]
・日中農産物貿易協議：両国の生産者，輸入業者，経済産業省，農林水産省，中国商務省[注5)]
・日中鉄鋼官民対話：日本経済産業省，日本鉄鋼連盟，中国国家経済貿易委員会，商務部，中国鋼鉄工業協会[注6)]
・日中化学品官民対話：日本経済産業省製造産業局化学課，日本化学工業協会（日化協），中国商務部，中国石油・化学工業協会（CPCIA）[注7)]
・日中自動車産業発展官民対話：日本経済産業省，日本自動車工業会（JAMA），日本自動車部品工業会（JAPIA），中国国家発展改革委員会，中国汽車工業協会（CAAM）[注8)]

注：1. 経済産業省対外経済政策総合ウェブサイト
　　　（http://www.meti.go.jp/policy/trade_policy/index.html）を参照。
　　2. 経済産業省通商政策局編（2005）『2005 年版不公正貿易報告書』を参照。
　　3. 日本繊維輸出入組合情報誌 2005 年 4 月号を参照。
　　4. 経済産業省資料「2001 年日中絹製品協議の結果について」を参照（2001 年 8 月 29 日）。
　　5. 詳しくは第 1 章を参照。
　　6. 詳しくは第 2 章を参照。
　　7. 経済産業省製造産業局化学課資料（2004 年 12 月 4 日）。
　　8. 社団法人日本自動車工業会ウェブサイト
　　　（http://www.jama.or.jp/lib/jamagazine/200405/15.html）を参照。
出所：筆者作成。

果たしている。「官」は両国における産業・貿易を管轄する主要な政府部門を指す。日本では主に経済産業省，中国では主に商務部，国家発展改革委員会および国家経済貿易委員会がその役割を果たす。「民」は個別産業の利益を代表する業界協会[285)]，輸入組合・輸出組合[286)]などを指す。歴史を遡ると，1976 年以来，絹の主要対日輸出国である中国との間で，毎年二国間協議を実施し，絹織製品の輸入数量取決めを行っている。結果的に，絹織製品をめ

---

285) 例えば化学品の場合は，日本化学工業協会と中国石油・化学工業協会になる。自動車の場合は，日本自動車工業会，日本自動車部品工業会および中国汽車工業協会になる。

286) 例えば繊維製品の場合は，日本繊維輸入組合，日本繊維輸出組合，および中国紡織進出口商会になる。

ぐる貿易摩擦はほとんど起こらなかった。絹織製品を含めて，さまざまなレベルの協議が行われている（表5.7）。

2. 人民元切り上げ問題など包括的な経済摩擦

以上個別産業における貿易摩擦の交渉過程において，民間団体が重要な役割を果たしていることを明らかにした。対照的に，人民元切り上げ問題など包括的な経済摩擦交渉過程に関して，民間団体は主要なアクターとして現れず，政治的に対立している日中両国の交渉は難航化しやすいという特徴を指摘できる。

2.1 背景
（1）貿易統計データの違いと対中貿易赤字

日米間のマクロ経済摩擦は，日本の巨額の対米貿易黒字によって生じた。中国の貿易統計を見ると，中国の対日貿易黒字は1997年の404億ドルと1998年の435億ドルを除いて，2001年まで200億ドル程度を維持しており，日中間にマクロ経済摩擦の起きる可能性は少なかった。しかし貿易統計データの違いによって，日本とアメリカは巨額の対中国貿易赤字を有することになっている。日本側の貿易統計によると，2000年の対中貿易赤字は249億ドルにのぼる。アメリカ側の貿易統計によると，2000年の対中貿易赤字は838.1億ドルに達し，アメリカにとって中国は最大貿易赤字国であった（表5.8，表5.9）。この巨額な貿易収支不均衡によって，中国と日米など先進国間のマクロ経済摩擦が生じた[287]。

（2）人民元切り上げ問題

第3章で詳しく述べたように，日米など先進国は，中国が世界にデフレを輸出していると主張し，G7財務相・中央銀行総裁会議で人民元切り上げを求める案が出された。他方，巨額の対中貿易赤字を抱えるアメリカは，中国が人民元レートを極めて低い水準に抑えているため，アメリカ製造業を萎縮

---

[287] 馮（2004），第8章を参照。

表 5.8 中米，中日貿易統計の違い

単位：億ドル

年	中米統計の違い		中日統計の違い	
	中国側統計	アメリカ側統計	中国側統計	日本側統計
1995	85.9	−338.1	−5.4	−139.9
1996	105.4	−395.2	16.9	−186.4
1997	114.0	−497.0	28.8	−202.6
1998	210.2	−569.0	14.8	−168.7
1999	224.7	−686.7	−13.7	−195.2
2000	297.4	−838.1	1.4	−249.0

資料：アメリカ側統計は『世界経済年鑑 2001』による。日本側統計は日本財務省データ。中国側統計は『中国対外経済貿易年鑑』各年版による。
出所：馮雷『経済全球化与中国貿易政策』287 頁。

表 5.9 アメリカと日本の貿易収支

単位：億ドル

年	アメリカの貿易収支			日本の貿易収支		
	対世界	対中国		対世界	対中国	
		数量	比重（％）		数量	比重（％）
1995	−1,587	−338.1	21.3	998	−139.9	14.0
1996	−1,702	−395.2	23.2	674	−186.4	27.7
1997	−1,805	−497.0	27.4	998	−202.6	20.3
1998	−2,297	−569.0	24.8	1,300	−168.7	12.9
1999	−3,288	−686.7	20.9	1,228	−195.2	15.9
2000	−4,361	−838.1	19.2	1,072	−249.0	23.2
2001	−4,114	−831.0	20.2	661	−272.0	41.1

資料：アメリカ側統計はアメリカ商務部データ。日本側統計は日本財務省データ。
出所：表 5.8 に同じ。

させ深刻な失業問題を招いたと主張し，財務長官などは中国に変動相場制への移行を求める発言を繰り返している。

　プラザ合意では当事国 G5 間において，状況認識および解決策に関して大きな異議はなく，各国（特に日本）は協調体制を重視した。対照的に，人民元切り上げの圧力に対して中国側は「内政干渉である」と反発し，日米など先進国に強く抵抗した。交渉の結果，中国政府は 2005 年 7 月 21 日に，人民

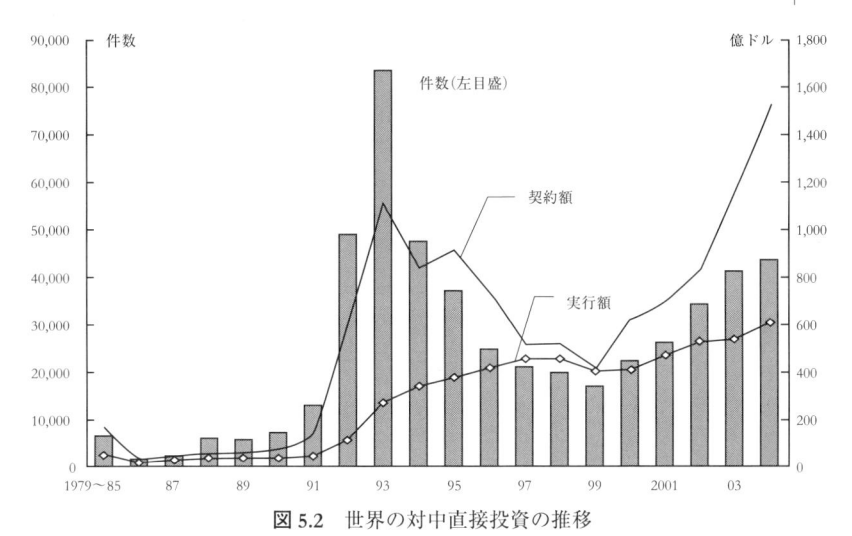

図 5.2　世界の対中直接投資の推移

資料：「中国対外経済貿易年鑑」各年版。98・99年は対外貿易経済合作部資料。2000年統計は「国際貿易」2000年第2期による。
出所：財団法人日中経済協会ホームページ。

元の為替レートを対ドル2％切り上げる政策を実施し，上下0.3％の変動範囲を持つ，事実上の「通貨バスケット制[288]」を導入した。先進国（特にアメリカ）は，人民元為替政策の改革を評価しつつも，さらなる市場化を求めている。

(3) 投資摩擦

中国への海外直接投資額は，1970年代にはほとんどゼロであったが，1990年代後半には年平均400〜450億ドルの規模に達した。アジア通貨危機の影響もあり，1998年，1999年には減少したが，2000年には中国のWTO加盟の期待感から危機前のレベルに戻った（図5.2）。GDP比でみると，

---

[288] 通貨バスケット制とは，貿易取引のウエイトなどに応じて該当取引相手国の通貨を加重平均し，その加重平均した通貨価値に自国通貨を連動させる基準である。先進国など経済規模が大きい国では主に変動相場制が用いられており，そのレートは比較的大きく変動している。そのため貿易比率がある程度分散している場合，一国の通貨に連動する体制を取ったのでは，ほかの貿易相手国との為替レートが大きく変動してしまう。それをある程度緩和できるというメリットがある。

図5.3　日本の対中投資の推移

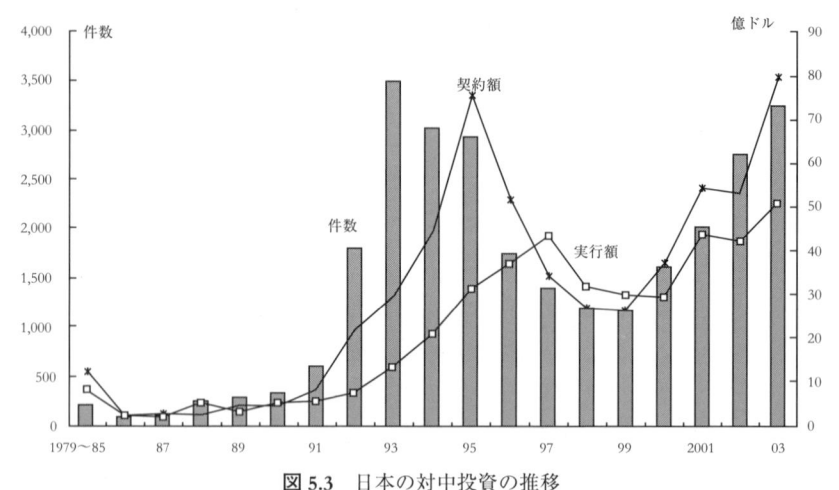

資料：『中国対外経済貿易年鑑各年版』。対外貿易経済合作部資料。
出所：同上。

　海外直接投資（FDI）はアメリカに次いで世界第2位となり，発展途上国への直接投資流入額の25％〜30％を占めるようになった[289]。日本の対中直接投資もアジア通貨危機以後急速に伸び，2001年には53.5億ドルに達した（図5.3）。中国の改革開放から2002年までの間，海外直接投資総額は4,465.52億ドル，外国投資企業は中国の輸出の50.1％，工業生産総値の27.39％，工業利潤総額の29.19％を占め，中国の経済成長に大きな役割を果たした。一方，国際社会において「中国脅威論」（本書序章第1節）が盛んになり，海外直接投資の急増を背景に中国と先進国間に投資摩擦が生じた[290]。
　日本経済が長く続く低迷の中で生まれた「中国脅威論」を要約すれば次のようになる。それは，①中国の安価な労働力を使った安価な製品が日本に大量に流入し，対中貿易赤字が拡大するとともに，日本企業が中国に投資することによって，日本の産業空洞化をもたらした，②これまで日本が圧倒的に優位にあったNIESやASEAN市場で中国製品との競合が激化し，中国経

---

[289] 李金珊・郭敏「中国の直接投資受け入れ策の成功と課題」関志雄『中国経済新論』ホームページを参照。
[290] 馮前掲書，271-275頁を参照。

済の急成長は「雁行モデル」[291]の経済発展パターンを解体させ，雁群のリーダーを務める日本に脅威を与えた，③中国の直接投資引き受け額は，長期に渡って世界第2位を占め，海外からの直接投資の拡大を通じて経済回復を狙う日本に脅威を与えた，という内容であった。序章で述べたように，最近の日本の対中輸出急増に伴って，「中国脅威論」も姿を消した。

(4) 制度摩擦

改革開放までの中国では，計画経済体制の下で，国家が直接全国の経済活動を支配していた。改革開放後，この状況は変化し始めた。だが，中央政府にしても地方政府にしても，既に行政手段を用いて経済を管理することが習慣になってしまっている。政府の政策の変動は大きく，しかも恣意的に運営されることが多い。中国では政府の，企業や市場などミクロ的な経済活動に対する関与が先進国に比べて多すぎる。また，法制度には不備が多く，「法治」ではなく「人治」の現象が多くみられる[292]。WTO加盟を機に，中国の経済体制と法制度は国際ルールと対応できるように大きく調整されたが，依然として先進国との制度摩擦が多い。

馮雷は中国と先進国との制度摩擦をつぎのようにまとめている[293]。まず，中国の現行の経済政策とWTOルールとの摩擦を指摘できる。非完全市場経済国家である中国は，市場経済国家を主体とする国際組織WTOへの加盟交渉に15年の歳月を費やした。WTO加盟後も中国に対して，WTOが移行期間中における中国の公約の実施状況を毎年レビューすることになっている。次に，中国と主要貿易相手国との制度摩擦を指摘できる。中国は完全な市場

---

291) 1960年代から90年代初期にかけて，東アジア経済には，一つの完成された分業体制が完成された。日本の産業構造は絶えず高度化を図り，そのなかで，成熟期あるいは大量生産期を迎えた生産を，コスト優位性を持つNIEs（香港，韓国，台湾，シンガポール）に移転させた。これら諸国と地域の産業が高度化されると，その産業をさらに安い労働力を持つ東南アジア地域および中国の沿岸地域に移転させていった。このように，次々に展開される地域分業モデルによって，東アジア諸国が相次いで離陸し，まるで空を飛ぶ雁陣に似ているため，赤松要によって「雁行モデル」と呼ばれるようになった。
292) 林毅夫「WTO加盟で加速する中国の改革開放」（関志雄『中国経済新論』ウェブサイト）を参照。
293) 馮前掲書，275-277頁を参照。

経済体制ではなく，現在でも社会主義を堅持することを明言している。一方，日米など先進国の市場は成熟しており，しかも工業化社会から情報化社会に変化する過程にあるので，中国と先進国との制度摩擦が生じ始めた。例えば，中国に投資している日本企業は，政策の公平性・透明度・安定性に関心を持ち，中国政府に対してさまざまな規制緩和および，全国統一的で，全ての省[294]に執行される透明度の高い法律制度の設立を要求している[295]。

(5) 技術性摩擦

技術性摩擦は，輸出入商品の技術に関する非関税障壁による貿易摩擦を指す。発展途上国である中国は技術レベルが低く，輸出は先進国および新興工業化国（地域）の市場（輸出総額の約90％を占める）に依存している。中国の多くの輸出製品は先進国との間に技術性摩擦を引き起こしている。例えば，機械電気製品には先進国の技術基準により，ノイズ，電磁波汚染，安全性などの厳しい制限がある。また，農産品および食品に関しては，先進国の農薬・毒性物質残留量の規定，厳格な衛生検疫制度などがある。これ以外に，先進国は包装材料が環境と人体に悪い影響を与えることを理由に輸入制限を行うことも多い。日本との間の技術性摩擦の一例として，中国から漢方薬の植物原料を輸入する際，商品分類は植物ではなく，薬品に分類されるため，厚生省の指定商社の代理によって行わなければならず，中国系企業はこれら商品を直接経営することはできない[296]，というものがある。

以上述べたように，日中間のマクロな貿易摩擦は人民元切り上げ問題をめぐる通貨摩擦，日本の産業空洞化問題と関連する投資摩擦，中国の非市場経済体制を起因とする制度摩擦，および両国の発展レベルの違いによる技術性摩擦など幅広く及んでいる。

2.2 アクター

冷戦期の日米貿易交渉においては，日本側がアメリカの「外圧」を受け入

---

294) 中国の行政地域名称，日本の都道府県に相当する。
295) 2000年7月27日～8月2日，東京で開催された日中投資促進機構と中日投資促進委員会の第10回定期会議において，松下電器の常務取締役が提出したアンケート調査。
296) 馮前掲書，277-279頁を参照。

れるというパターンがよく指摘されている[297]。プラザ合意の経験で示されたように、日本経済政策の形成・展開に際して、アメリカの「外圧」が果たした役割が大きい。対照的に、冷戦の終焉によって、日本はアメリカに対して強い抵抗が可能になり、日米包括経済協議[298]において日本政府が客観基準に数値目標を導入することを拒否し、クリントン大統領と細川首相による日米首脳会談が決裂した。しかし、日本が軍事的ならびに経済的にアメリカに依存するといった日米関係の基本構造は変化していないため、外圧の終焉と宣言するのは早計と言わねばなるまい。日米包括経済協議のそれぞれの交渉合意事項からわかるように、アメリカの外圧には日本から十分な譲歩を獲得できる問題領域とできない問題領域が存在するのである[299]。

日本と中国両政府の間には、日米同盟のような協力関係が欠如している。むしろ、21世紀に入ってから、靖国神社参拝問題、教科書問題、エネルギー開発問題などさまざまな分野において政治的対立が目立っている。日本側では、対中関係を戦略的に考えることのできる政治家が少なくなり、嫌中感情から中国に反対することが主体的な外交であると考えるような人々が表に出ている[300]。こうした変化を受けて、中国側は 一段と強硬な外交姿勢をとるようになった。こうして両国とも譲らない、睨み合いの関係が続いている。両国政府の関係には、「信頼も理解もない」と指摘されている[301]。人民元切り上げ問題をめぐって、日本の財務省、日本銀行および一部の政治家は、人民元の過小評価の是正を求め（表5.10）、中国はこうした圧力が内政干渉であ

---

297) 例えば、田中明彦 (1989) 348 頁、小宮隆太郎・伊藤元重 (1987)「国際貿易・貿易政策の展開 1955-83」国際文化会館編、147 頁など。

298) 日米包括経済協議は、政府調達（コンピュータ、スーパーコンピュータ、人工衛星、医療技術、電気通信、優遇調達政策）、規制緩和・競争力（金融サービス、保険、競争力政策・透明手続き・流通および規制緩和、アメリカの対日輸出促進努力・競争力強化）、その他の主要セクター（自動車・同部品）、経済的調和（直接投資、知的所有権、技術へのアクセス、企業間の長期的関係）、既存協定（日米構造協議、紙、板ガラス、林産物、半導体）の5つの分野によって構成される。

299) 中戸 (2003)、245-254 頁を参照。

300) 慶応義塾大学添谷芳秀教授の発言。「落とし所なき日中のすれ違い」『ニューズウィーク日本版』2005 年 6 月 8 日、Vol. 20, No. 22。

301) 北京大学国際関係学院市賈慶国副学長の発言。出所は同上。

表 5.10　人民元問題に関する日本要人の発言

塩川正十郎財務大臣	人民元は市場原理に従ってフロートさせないと，中国に意見を申し上げたい。(2003 年 8 月 29 日)
竹中平蔵経済・財政担当大臣	多くの人は元が過小評価されていると思っている。(2001 年 11 月 13 日)
自民党・山崎拓幹事長	（アセアン経済閣僚会議に出席する平沼経産大臣に対して）人民元の切り上げを取り上げて欲しい。デフレ要因の一つに人民元の問題がある。(2003 年 8 月 28 日)
公明党・冬柴鉄三幹事長	（上記の山崎幹事長の発言に対し）中小企業の状況などを考えれば自分も同じ考えだ。(2003 年 8 月 28 日)
日本経団連・奥田碩会長	人民元の切り上げをして欲しい。(2003 年 7 月 22 日)
東芝・西室泰三会長	人民元の切り上げを議論すべき時が来た。(2001 年 9 月 6 日報道) 中国は，(中略)人民元の切り上げに踏み切らざるを得なくなるでしょう。そうなれば，日本のデフレ要因は軽減されるわけです。(2003 年 1 月 8 日報道)
財務省・黒田東彦財務官	（人民元が）米ドルに事実上固定されているため，結果的にデフレが中国から周辺国に輸出される。(2002 年 11 月 14 日)
日銀・三木利夫審議委員	元の相場を市場の実勢に合わせ，中国がフェアな条件の下で国際競争をしないと，日本や東南アジアの実体経済は打撃を受け続ける。(2001 年 9 月 13 日)
日銀・松島正之理事	今は固定されている人民元の相場なども実力相応なものに調整させるように国際的なプレッシャーをかけていく必要がある。(2001 年 7 月 18 日)
日銀・平野英治理事	やや長い目で見れば，(人民元が)より弾力的に動くのが望ましい。(2002 年 7 月 19 日)

注：1. カッコ内は発言日，ただし東芝・西室泰三会長の発言のみ報道日。
　　2. 役職名はいずれも発言当時のもの。
資料：日本経済新聞，北海道新聞により作成
出所：中島厚志編 (2004)『中国人民元の挑戦』38 頁。

ると強く抵抗した。

2.3　政策手段

　人民元切り上げの国際圧力の高まりに対して，中国は当初内政干渉であると強く反発した時期もあったが，為替調整の時期と方法について研究を進め，国際的な関心の高まりに呼応して中国内外から多くの意見・提言も出された。意見・提言は，基本的には現行の為替決定メカニズムにはとくに触れることなく単純に一定の幅で切り上げるべきとするもの，現行の米ドル・ペッ

グ方式から通貨バスケットペッグ方式に変更すべきとするもの，変動幅についてバリエーションはあるものの，変動相場制に移行すべきとするもの，の三つに分かれた。

　日本のプラザ合意の教訓から，人民元の即時かつ大幅な切り上げを回避することが中国経済にとって重要である，と中国当局は認識した。2004年には，経済過熱を背景に貿易収支が赤字で推移していることをとらえ，中国政府が人民元を切り下げる可能性もあることをちらつかせた。一方，輸入急増の要因の一部に，対米貿易黒字を縮小しアメリカ産業界からの政治的圧力を減じようとする姿勢が存在するなどは，まさに日本の苦しい教訓を踏まえた対応と見ることもできよう[302]。また，為替レート形成メカニズムの改善および国際収支バランスを促進するために，さまざまな国内経済政策，金融制度改革を加速させていった。

　2005年7月21日，中国人民銀行は元の為替レートを対ドル2％切り上げる政策を実施し，上下0.3％の変動範囲を持つ，事実上の「通貨バスケット制」を導入した。通貨バスケット制は，貿易取引のウエイトなどに応じて自国通貨を連動させる基準であるので，組み入れる対象通貨については，ハードカレンシー（ドル，ユーロ，円など）に限るなど構造的な制約はない。中国は通貨バスケット制の対象通貨およびその割合を明らかにしていない。中国政府はこれを為替制度改革の第一歩と位置づけ，いくつかのステップを経て変動為替相場制に移行していくことを目指している。

　人民元為替制度の改革は着実に進んでいるが，それ以外のマクロ経済摩擦（投資摩擦，制度摩擦および技術性摩擦）については，具体的な動きが少なく，今後の政策課題として考えなければならない。第4章で詳しく述べたように，日本と中国は東アジア地域の貿易大国であり，しかも貿易の補完関係が強く，FTAを結ぶことによって得られる利益が大きい。またFTA締結は，投資摩擦，制度摩擦および技術性摩擦などマクロ的な経済摩擦の解決にも有効な政策手段であると指摘できる[303]。日本と中国はともに東アジアの地

---

302) 中島前掲書，196頁。
303) 日本はEPA（FTA）を締結する場合，投資・制度なども交渉対象としている。

域統合に積極的であり，ASEAN，韓国とのFTA締結を国家戦略として進めている。一方，日中FTAに関しては，共同研究会が設置されたに過ぎない。2005年12月26日の経済財政諮問会議で，二階俊博経産相は2010年までに中国，韓国およびASEANと個別にFTAを核とした経済連携協定を締結する方針を表明した[304]。しかし具体的に日中FTAを実現するためにどんな政策が必要なのかについては，まだ論じられておらず，今後の政策課題として考えざるを得ない。

---

304)『日本経済新聞』2005年12月26日記事。

=== 終　章 ===

今後の展望および課題

第1節　政策過程分析のまとめ

　本書において明らかになった点は以下のように整理できよう。第1に，日中貿易摩擦における四つの事例研究および日米貿易摩擦との比較を通じて，貿易摩擦の経済的要因，政治的要因および制度的要因の多様さ・複雑さが解明された。経済的要因としては，労働集約産業（農産品，繊維製品）における中国から日本への輸入急増，技術集約産業（鉄鋼製品，化学製品）における日本から中国への輸出急増，中国の技術革新（しいたけの栽培法など），世界的なデフレ問題および中国の巨額の対米貿易黒字などを指摘できる。政治的要因としては，圧力団体のロビイング活動，中国政府による積極的な輸出誘導政策（農産品）・重点産業保護政策（鉄鋼製品），「国際スタンダード化・法制化」という中国の政策アイディア，日本政府およびアメリカ産業界・議会からの人民元切り上げ圧力などが挙げられる。制度的要因としては，中国と日米両国それぞれ貿易統計の違い，日本企業による開発輸入（農産品，繊維製品），WTO紛争処理メカニズムの問題点および中国の為替制度（ドル・ペッグ制）などを指摘できる（表6.1）。
　第2に，個別産業のミクロ的な貿易摩擦において，中国の日本に対するキャッチ・アップのプロセスだけに留まらず，日本から巨大な中国市場への輸出急増（いわゆる「中国特需」効果）が中国のセーフガード発動，アンチ・ダ

表 6.1　日中貿易摩擦分析

貿易摩擦		原因分析			解決	
項目	措置	経済的要因	政治的要因	制度的要因	各アクターの役割	政策手段
ミクロ / 農産品	暫定的SG	日本の輸入急増；中国のしいたけ生産技術の革新	日本の圧力団体の陳情活動；中国の誘導政策	両国における貿易統計の違い；日本の開発輸入	両国の民間団体が大きな役割を果たした	官民協議
ミクロ / 繊維製品	SG発動のためのモニタリング	中国の労働力コストの安さ；日本の輸入急増	日本の圧力団体の陳情活動	日本における国内生産業者と輸入業者の対立	日本の輸入業者団体が大きな役割を果たした	繊維対話
ミクロ / 鉄鋼製品	SG発動	中国の鉄鋼業の急成長；世界的な生産設備過剰	中国における鉄鋼産業の構造調整政策；中国の国際スタンダード化・法制化の政策アイディア	WTO紛争処理メカニズムの問題点	両国の民間団体が大きな役割を果たした	鉄鋼官民対話
ミクロ / 化学製品	AD認定	中国の輸入急増	中国の国際スタンダード化・法制化の政策アイディア		両国の民間団体が大きな役割を果たした	化学製品官民対話
マクロ / 人民元	日米欧の切り上げ要求	デフレ問題；中国の対米貿易赤字	アメリカ議会の圧力　日本政府の圧力	中国の為替制度	中国政府は積極的に金融制度改革を実施	中国の為替制度改革
マクロ / 投資,制度,技術	非関税障壁				両国政府間の対立	未解決

出所：筆者作成。

ンピング課税などの貿易救済措置の実施をもたらしたことが，日中貿易摩擦のもう一つの原因であることを指摘できる。日米貿易摩擦においては，アメリカの一方的な貿易救済措置の実施と日本国内市場の開放要請が主な内容であり，貿易摩擦は労働集約型産業から技術・資本集約型産業，さらにハイテク産業へのシフトが特徴である。対照的に日中貿易摩擦においては，労働集約型産業における日本の貿易救済措置と技術・資本集約型産業における中国の貿易救済措置というように，両方が救済措置を実施しているという特徴が

ある。

　第3に，個別産業の貿易摩擦に関して，摩擦の原因は産業によってそれぞれ異なり，その多様さと複雑さが指摘できるが（表6.1），貿易摩擦の予防・解決に民間団体が大きな役割を果たしていることは共通している。政治的に対立している日中両国政府は，貿易摩擦問題に関して経済利益よりも原理原則を重視し，自国の立場に固執する傾向があるが，貿易交渉への民間団体の参加によって，相手国の置かれた事情・実態に対する相互理解が進み，互いの信頼がより深まることが可能となる。つまり，民間団体を貿易交渉プレーヤーに加えることによって，政府の役割を「補完」したことになる。各産業における政府間協議・官民協議・官民対話は貿易摩擦の予防・解決の有効な政策手段である。

　第4に，個別産業における貿易摩擦が比較的円滑に解決されているのに対して，人民元切り上げ問題，投資，制度，技術など包括的な経済摩擦では，中国政府と日米を含む先進国との対立が目立つ。FTA交渉においても，まさに原理原則が優先され，日中双方が自国の立場に固執している。また，包括的な経済摩擦では，すべての業界が影響を受けるため，交渉結果が一種の公共財となり，個別企業においてフリー・ライダーの心理が働きやすく，結果的に民間団体が組織されにくい。こうして交渉プレーヤーに民間団体が加わらないことは，包括的な経済交渉の難航をもたらす原因の一つであると指摘できる。

第2節　日中貿易摩擦の今後の展望

1. 中国と先進国の貿易摩擦のさらなる拡大

　1995年以後，中国は10年連続世界でアンチ・ダンピング調査を最も多く受けた国となった。中国商務部の統計によれば，1979年から2004年5月までに，中国の輸出商品を対象とするアンチ・ダンピング，反補助金，セーフガードなどの貿易救済措置が637件発動され，4,000余りの商品に及んだ。

また，中国の輸出商品に対する規制は，技術障壁，環境障壁，知的所有権障壁など非関税措置までに広がるようになった。中国が直面する貿易摩擦はますます激化する傾向がある。

なぜ中国が世界各国の貿易救済措置の的となってきたのか。その原因は四つ考えられる。第1に，経済のグローバル化とともに，中国の輸出急増は世界の既存の利益構造を揺るがすことになり，貿易摩擦が避けられなくなった。第2に，中国の「非市場経済国」の問題により，他国が中国商品に対しアンチ・ダンピング調査をする場合，中国自身のデータではなく，任意の市場経済国（代替国）の同類商品の価格を根拠にダンピングの程度を計算することができる。このため，ダンピングの程度が過大評価されやすく，ダンピングありと裁定されやすい。第3に，中国の輸出増加は依然として量的増加の方式を中心としており，高付加価値商品の比重は比較的低い。第4に，最近アメリカ，EUなどの国や地域が，頻繁に中国から輸出される繊維製品に対し貿易救済措置を発動することには強い政治的背景がある。これらの国や地域には，失業問題や政治不安の問題があり，中国の輸出製品に規制を加えれば，ある程度政治的圧力を緩和する効果もあるとみられているからである。

一方，中国も外国商品に対するアンチ・ダンピングなどの貿易救済措置を強化しつつある。2003年以後の件数では，中国は世界でアンチ・ダンピング措置を発動する三番目の国となっている。2005年には中国の貿易黒字は史上最高の1,000億ドルになると予想される。このような大幅な黒字増加は，ますます多くの貿易摩擦を引き起こす可能性がある[305]。

2. 日中貿易相互依存のさらなる深化と摩擦の拡大

2008年1月に発表された財務省貿易統計によると，2007年日中貿易の総額は日米貿易を上まり第一位となった。2006年以後，対中輸出の伸びに対し輸入の伸びが減少する[306]も対中貿易のシェアは17.7％と拡大している。

---

305) 日中経済協会北京事務所レポート（2005）「中国が直面する貿易摩擦の現状」を参照。
306) 日本国内でのパソコン販売低迷によって，液晶ディスプレイ，プリンターなど電算機類の輸入が大幅に減少した。また，中国の食品安全に対する警戒感の高まりに伴い

一方，対米貿易のシェアは16.1％となった。中国の経済成長が停滞しない限り，日中貿易相互依存のさらなる深化を予想される[307]。日本は欧米のように，頻繁に中国製品に対する貿易救済措置を発動することはなかろう。むしろ日本は今後，中国の輸出商品に対する技術，環境，知的所有権などの非関税障壁を利用する傾向が強い。一方，中国は日本の輸出商品に対してアンチ・ダンピング認定などの貿易救済措置を発動することが予想できる。日中貿易は相互依存のさらなる深化と同時に，貿易摩擦の拡大と複雑化も避けることができないだろう。

第3節　安定的な貿易成長を促進するための政策提言

以上日中貿易摩擦における政策過程の分析をまとめ，今後の摩擦の状況を展望したが，次に政策デザインの視点から，どのような政策を採用すべきなのかについて分析し，日米貿易摩擦の経験と教訓を踏まえて，日中貿易の安定成長と貿易摩擦を最小限に留めるための提言を行う。

1. 個別産業

1.1 日本企業の国際分業機能の一層の強化，中国における産業構造の高度化

多くの日本企業は中国に進出し，中国での事業展開における機能分業体制を取っている。高付加価値部品の生産機能や，商品企画・研究開発・システム設計などのイノベーション機能を日本国内において維持・強化するととも

生鮮野菜の輸入が減少した。あとは日本市場で家計消費に占める衣料費支出の割合の低下により，衣類・同付属品の輸入は微増に留まった。一方，日本メーカーがコスト削減のため中国への生産移転を進展させているから，デジタルカメラやDVD機器などの映像記録・再生機器の輸入が増加した。

307）2008年2月28日，JETRO（日本貿易振興機構）の記者発表「2007年の日中貿易」を参照。

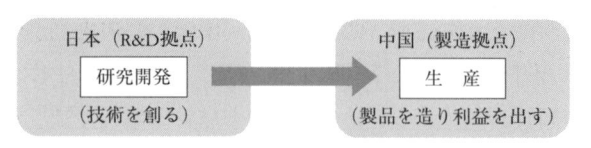

```
          日本 (R&D拠点)              中国 (製造拠点)
           ┌─────────┐              ┌─────────┐
           │ 研究開発  │  ──────▶   │  生 産   │
           └─────────┘              └─────────┘
          (技術を創る)              (製品を造り利益を出す)
```

図 6.1 日本と中国との機能分業体制の役割分担イメージ
資料:ヒアリングから経済産業省作成。
出所:『通商白書 2004 年版』166 頁。

に,国内で創り出された技術やシステムなどの付加価値を中国で具体的に活用・実現させるために,製造・販売拠点という形で中国での事業展開を図っている。例えばデジタルカメラ製品の場合は,日本と中国の役割分担をかなり明確に区別しており,日本国内は「製品の付加価値部分の研究開発(技術を創る)」の拠点,中国は「製品の付加価値の生産(製品を造り利益を出す)」の拠点,という形で国際分業体制を展開させて,企業のコア・コンピタンスに経営資源を集中させることで競争優位性を確保しようとしていると考えられる(図6.1,表6.2)。熟練集約度や知的資産などの評価指数を用いて日本の貿易を通じた競争優位を見ると,日本は東アジアの中でかなり高い水準にあって,こうした人的資本・知的資産を反映した競争力をさらに高めていくことが,日本として目指すべき課題であると言える[308]。

中国は産業構造の高度化をめざすべきである。現在の中国は労働集約型産業において強い競争力をもっているが,安価な労働力という比較優位を活用するという戦略を長期にわたって採用した場合,先進国との貿易摩擦がさらに拡大する恐れがある。輸出自主規制を採用することはWTOで禁止されているため,中国は日米貿易摩擦に対応するための日本産業界の良い経験を学び,研究開発および技術水準の向上を通じて産業構造の高度化を遂げることが重要であると言える。

1.2　輸出促進より輸入拡大

日米貿易摩擦の解決策として,アメリカの輸出促進政策が重要だと指摘

---

[308]『通商白書 2004 年版』163-180 頁を参照。

表 6.2　デジタルカメラ A 製品の部材費構成

	部品群	調達先	部材費シェア（％）
部材費	画像操作機器・外装 （例：TFT 金属外装等）	日本	13
		中国	1
	光学系ユニット （例：フィルター，撮像素子，レンズ等）	日本	13
		中国	6
		タイ	2
	基板 （例：カスタム IC，電気部品等）	日本	17
		スイス	4
	その他部品	日本	6
		中国	1
小計 63（内訳：日本；49，中国；8，スイス；4，タイ；2）			
その他			37
合計			100

備考：調達先の「日本」とは日系企業から調達したということを意味しており（在中国日系企業からの調達は除く），必ずしも日本においてすべて生産したとは限らない。
資料：ヒアリングから経済産業省作成。
出所：『通商白書 2004 年版』165 頁。

表 6.3　個別産業の貿易摩擦についての提言

日本	中国	期待できる効果
国際的な機能分業の一層の強化	産業構造の高度化	両国における産業の棲み分け
輸出促進より輸入拡大		貿易赤字の削減，二国間の貿易拡大
輸入制限・輸入自粛を最小限に		二国間の貿易拡大，保護主義という批判の緩和
経済協議網（政府間定期協議，官民協議・官民対話制度）の一層の充実化		情報交換による両国間（政府，民間団体）不必要な対立の削減
WTO 紛争処理メカニズムの活用		貿易摩擦解決の円滑化

出所：筆者作成。

されたことがある[309]。しかしアメリカ企業は政府に干渉されるのを好まない。企業は政府の輸出奨励策によって輸出を積極的に行うよりも，むしろ個別企業の論理を優先させ，海外に直接投資を行う。従って，アメリカ企業の

---

309) 秋山前掲書，150 頁。

事業がときには国家利益と対立することもある。また企業が輸出にあまり熱心ではない他の理由として、アメリカには大きな国内市場があるため、外国市場より国内市場に興味を持っていることを指摘できる。一方、アメリカ行政府の輸出政策では、輸出促進より規制のほうがはるかに重要である。輸出規制は政治的・軍事的理由から採用されている。強い競争力を誇るアメリカのハイテク関連製品は、このために他の先進国よりも輸出の制約を受けている[310]。しかしアメリカに輸出促進政策が全くないというわけではなく、農産物には政治化された輸出促進策がある[311]。アメリカは現在対中貿易赤字で悩んでいるため、輸出促進策、例えば輸出金融、税控除、輸出保険、海外市場の情報提供などを取り入れなければならない。輸出を増加させる基本的な政策はアメリカ産業の国際競争力を強化することになる。

　アメリカと対照的に、日本と中国の経済成長はともに輸出産業に牽引され、さまざまな産業政策において輸出促進的である。輸出促進政策の結果、両国はともに巨額な貿易黒字と外貨準備を抱え、日本は60年代から1990年代前半まで、中国は1990年代後半以後、それぞれ国際経済における貿易摩擦の主役である。とくに、日本→中国→欧米という「三角貿易構造」を考える場合、現在活発になっている中国対欧米の貿易摩擦構図は日本・中国対欧米とも読み取れる。日本と中国は欧米との貿易不均衡を解消するために、輸出促進から輸入拡大へ政策転換しなければならない。日本と中国の2カ国に限って考える場合、日本にとって中国が最大の輸入相手国であるのと同時に、中国にとっても日本が最大の輸入相手国であるので、輸入拡大は二国間でかなり進んでいると言える。今後国際社会全体から（とくに欧米から）の輸入拡大

---

310) アメリカは高度技術の共産圏への流出に神経を使っていた。ハイテクは共産諸国の軍事力を強化してしまうからである。そうした事態を避けるために、アメリカの輸出政策では政治が経済に優先する。日米間では、FSX (Fighter Support X：次期支援戦闘機) の共同開発をめぐる摩擦と東芝機械ココム違反事件など挙げられる。しかし現在、状況は大きく変わってきている。東西対立の冷戦が終わったため、そうした規制は大幅に緩和されてきている。

311) アメリカの農産物輸出促進策に限って言えば、補助金など保護主義的な国内制度があるため、むしろEUとの貿易摩擦を引起こしている。従って、単純に推進すべきであるとは言い切れない。

が重要な課題になるだろう。輸入拡大は，貿易摩擦の解決に有効な政策手段であり，貿易拡大と両国および世界経済にとって好ましい影響を与える。

特に日本の市場開放問題は日米貿易摩擦においても注目されてきた。日本の関税率水準や輸入割当の数に関して他の先進国と比べた場合，日本の市場開放度はかなり高い。しかし，日本とアメリカの貿易不均衡は依然として存在する。アメリカ政府は日本に関税率や輸入割当だけでなく，基準・認証制度や政府調達，商慣習，流通システムなども改善するよう求めてきた。1990年代になるとさらに一層進んで，マクロ経済問題，輸入を妨げる日本の構造問題の改善まで求めてきた。今後日本市場のさらなる開放が望ましいだろう。

1.3　輸入制限・輸入自粛を最小限に

輸入急増から国内産業を保護するという立場から，日中両国政府はセーフガード，アンチ・ダンピング調査，輸入自粛などの輸入制限措置を活発に発動している。事例①（ネギなど農産品3品目に関するセーフガード）の研究から明らかになったように，中国からの輸入急増は，日本商社（台湾・香港系企業と連携して）による「間接開発輸入」が主要な原因である。また日本→台湾・香港→中国というトライアングルの技術移転パターンは，両国貿易統計データの大きな違いを作り出している。こういう日中貿易の特殊性に配慮する観点から，「原産地」を基準とするセーフガードの限界を指摘できる。今後，対中国セーフガード発動要請・実施する際に日本側は慎重に考慮すべきであろう。一方，事例②（中国の鉄鋼セーフガード）の研究から分かるように，中国鉄鋼SG発動の原因の1つは，WTO加盟による法整備・行政処理能力の向上を背景にして，政府の企業に対する提訴の奨励が行われ，鉄鋼協会・メーカーの積極的な応答が起こったことに求められる。言い換えれば，「国際スタンダード化・法制化」という政策アイディアの活用によって，SG措置発動が多発したと言える。

アメリカ鉄鋼産業の教訓が示したように，輸入制限は輸入国の産業調整に一時的猶予を与えることになるが，企業が努力せずに利益を獲得することができるため，かえって産業の国際競争力の回復を遅らせることになりかねな

い。一方，日本産業界は，防衛的対応に終始することなく，より高いクラスの，より高技術の製品に移行する良い機会としてとらえ，産業構造の高度化を実現した。とくに中国は，アメリカ鉄鋼産業のマイナスの教訓から学び，輸入制限措置という政策手段の活用を最小限に留め，より高いクラスの，より高技術の製品に移行する良い機会としてとらえ，迅速に産業構造の高度化を遂げることが重要であろう。

1.4　経済産業協議網の一層の充実化

日本と中国の貿易関係において日本経産省と中国商務部を中心にさまざまなレベルの協議が行われている（図6.2，実線の部分）。また二つの事例研究を通じて，日中間貿易摩擦の解決（予防）策として，官民協議・官民対話・民間協議が大きな役割を果たしていることが実証された。貿易摩擦交渉においては民間団体の参加によって相手国の置かれた事情・実態に対する相互理解が進み，双方に対する信頼がより深まることが可能となる。民間団体を貿易交渉プレーヤーに加えることによって，政府の役割を「補完」することになり，貿易摩擦を未然に防止できるし，問題化した際もよりスムーズに解決することが期待できる。

日米貿易摩擦の歴史において，繊維に始まり，鉄鋼，テレビ，工作機器，自動車，半導体と，次第により高度な技術を使った製品が摩擦の対象となっていった。一方，市場開放でも，オレンジや牛肉，米といった農産物や半導体，スーパーコンピュータのようなハイテック製品などから，金融，保険や弁護士業務のようなサービス産業の開放要求へと変化してきた[312]。今後の日中貿易摩擦の対象も農産品，繊維製品，鉄鋼製品，化学製品に留まらず，より高度な技術を必要とする産業（例えば，家電製品，自動車，半導体など）に波及していくことが予想される。本書は中国の政策決定過程おいてアクターの多様化を明らかにした。これまでの中国政治研究は主に政治家，政府機関，共産党などアクターを分析対象としてきた。農産品および鉄鋼製品貿易摩擦の政策決定過程において，民間団体が交渉アクターとして登場し，両国の民

---

312) 秋山 (1994)，131-135 頁を参照。

```
                   ┌─────────────────────────────────┐
                   │  経済産業省・国家発展改革委員会定期協議  │
                   │     経済産業省・商務部定期協議       │
                   │  経済産業省・国家経済貿易委員会定期協議 │
                   │       日中経済パートナーシップ協議     │
                   └─────────────────────────────────┘
```

図 6.2　日中経済産業協議網

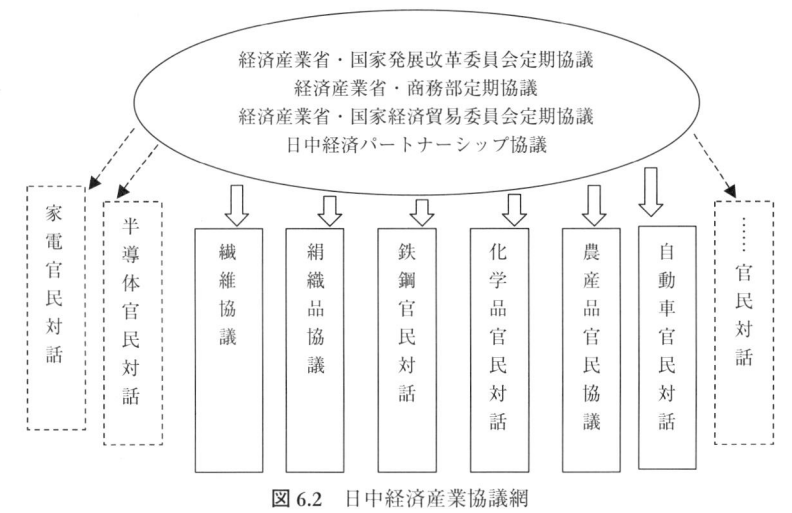

出所：筆者作成。

間（業界）団体間の協議が妥協成立・摩擦緩和に「政」や「官」以上に大きな役割を果たした。貿易摩擦の予防（解決）策として，これら産業分野の官民対話・官民協議・民間協議制度を設立すること，および経済産業協議網の一層の充実化は有効な政策手段になるであろう（図 6.2，実線部分および破線部分）。

1.5　WTO 紛争処理メカニズムの活用

　日米貿易摩擦においては主に二国間交渉を通じて妥協が達成されてきたが，アメリカは大きな政治力や軍事力を背景に，「外圧」を使って自国の要求を日本に強制してきた嫌いがある。WTO では GATT より紛争処理メカニズムが大幅に強化されていることを考えると，さまざまな問題で政治的に対立している日中両国は，WTO のルールを活用することを通じてより公平な解決ができるであろう。

　ただし，WTO 紛争処理メカニズムは GATT より強化されているとはいえ，依然として被提訴国の遵守問題がある。例えば，パネル又は上級委員会の勧告（裁定）が実施されない場合，代償交渉期間（20 日）を経て対抗措置が

（図中の縦書きボックス：家電官民対話／半導体官民対話／繊維協議／絹織品協議／鉄鋼官民協議／化学品官民対話／農産品官民協議／自動車官民対話／……官民対話）

承認される[313)]ことになっている。しかしこれはあくまでも，WTOが提訴国に与えた対抗措置を行使する権利であり，強制的な実施命令ではない。また提訴国には，被提訴国との貿易摩擦がエスカレートすることを避けようとする思惑が働くため，実際に対抗措置の実施に至る例は極めて少ない。従って，WTO紛争処理メカニズムを活用する場合に，この限界を考慮しなければならない。

2. 為替制度

　中国と先進国の貿易不均衡を改善するための人民元切り上げ問題に関しては，事例③の分析で明らかにしたように，今後も人民元の大幅な切り上げがないと予想できる。むしろ国内金融システムの改革，通貨変動幅の一層の拡大，資本取引の自由化など段階的な為替制度改革の継続が重要である。2006年1月4日から，人民元に銀行間の相対取引が導入され，為替レートの一層の市場化につながるものと見られる[314)]。長期目標として変動相場制へと移行する過程において国際社会（とくに先進国）の協力が必要である。

　中国政府は，プラザ合意が日本経済に「円高不況」をもたらしたマイナスの教訓から学び，人民元の切り上げが製造業に決定的なダメージを及ぼし，景気悪化につながることを危惧している。しかし第5章で述べたように，円高のプラスの教訓も忘れてはならない。円高によって日本の産業構造は大いに高度化し，世界有数の国際競争力を持つに至った。甘受できる範囲であれば，通貨高は産業を質的に転換させて，高度化させる。中国政府は迅速に為替制度改革を進め，産業構造の高度化，国際競争力の強化を目指すべきであろう。

---

313) 新堀（1997），42頁を参照。
314) 『日本経済新聞』2006年1月3日記事。

3. 投資・制度・技術などの摩擦およびFTA締結

　日中貿易の安定成長（拡大均衡）は当事国に限らず，東アジア地域や世界経済にもプラスの影響をもたらす。これを実現するために東アジアFTAの早期締結を目指すべきであろう。東アジアFTAの最も重要な柱の1つとしての日中FTA締結は，両国間の投資摩擦，制度摩擦および技術性摩擦など包括的な経済摩擦の解決にも有効な政策手段である。しかし事例④の分析で指摘したように，日中FTA締結には二つの大きな課題を乗り越えなければならない。ここで二つの課題の具体的な解決策を提示することにしたい。

　まず，日中両国は「東アジア地域統合の実現を目指す」という共通目標を持っているにもかかわらず，具体的な地域統合のプロセスにおいて，自国の影響力を確保するために，それぞれASEANとの協力関係の深化に力を入れている。ASEANをめぐる日本と中国のライバル関係をみてとることも可能であり，両国政府間の対立が目立つ。この問題を考える際，個別産業における貿易摩擦の解決策を参考にすることは有益であろう。農産品や鉄鋼製品などの貿易摩擦交渉において，民間団体は政府の役割を「補完」し，貿易摩擦の解決に大きな役割を果たしている。しかし日中FTA締結に向けて，民間団体は交渉プレーヤーとして登場していない。

　図6.2が示したように，日中間に「官」と「民」両方が参加する経済協議網が一部の産業に存在し，筆者はこの協議網の一層の充実化を提案している。FTA締結交渉の過程で，多くの産業の官民協議制度や民間協議制度を活用することにより，政治的「対立」から「協調」にシフトする可能性は十分あると考えられる。しかし第5章で述べたように，包括的な経済摩擦では，すべての業界が影響を受けるため，交渉結果が一種の公共財となり，個別企業においてフリー・ライダーの心理が働きやすく，結果的に民間団体が組織されにくい。この問題を解決していく上で，日本経済団体連合会（経団連），日本貿易振興機構（JETRO）など全産業界（あるいは日本全体）の利益を代表する民間団体は大きな役割を果たすことになろう。「東アジア自由経済圏の構築は，域内の取引コストの削減による効率的な生産体制とともに，巨大な市場を生み出すことによって，域内のすべての国はもちろんのこと，世界経済に

も大きな利益をもたらす」と経団連は主張し，東アジア地域自由経済圏の実現を目標に，日本と中国が共同でリーダーシップを発揮していくことの重要性を強調している[315]。

つぎに，FTAを結ぶ場合の関心項目（優先項目）に関しては，日中両国間で双方の主張が平行線をたどっている。モノの貿易に最も関心がある中国に対して，日本は農林水産物などセンシティブ品目の市場開放に対して政治勢力からの抵抗が強い。一方，日本は「質の高い」協定締結を目指しており，法制度など投資のルールや知的財産権の保護等に最も関心がある。この問題を考える際，双方ができる限り早く自由貿易地域の利益を享受できる「アーリー・ハーベスト（early harvest）」方式が有効であろう。まず両国の政府と民間団体（経団連など民間団体を含む）が合意できる項目から柔軟に交渉を進め，合意項目に対して前倒しをして関税削減（あるいは投資のルールや知的財産権の保護などの実施）を実施する。早期にFTAの利益を享受できた民間団体は，さらなるFTA締結の推進力となり，残りの項目の交渉を「対立」から「協調」にシフトする可能性が大きくなるであろう。また，FTA交渉においては民間団体の参加によって相手国の置かれた事情・実態に対する相互理解が進み，双方に対する信頼がより深まり，アーリー・ハーベスト方式での残りの項目における合意が早期に実現できると考える。

---

315) 日本経済団体連合会中国委員会企画部会「日中通商・経済関係の更なる拡大に向けて ── 日中通商対話ミッション・ポジションペーパー」2004年2月23日，経団連ホームページ，2004年10月5日アクセス。

参考文献

日本語

青山学院大学総合研究所・学際研究プロジェクト公開講演会（2002）「【要旨】WTO のセーフガード措置発動の諸問題」『貿易と関税』第 50 巻第 2 号, 14-31 頁。

縣公一郎・藤井浩司編（2007）『コレーク政策研究』成文堂。

赤根谷達雄（1992）『日本のガット加入問題 ── 《レジーム理論》の分析視座による事例研究』東京大学出版会。

秋山憲治（1992）『アメリカ通商政策と貿易摩擦』同文館出版。

―― (1994)『日米通商摩擦の研究』同文館出版。

―― (1998)『貿易政策と国際通商関係』同文館出版。

秋吉貴雄（2004）「政策移転の政治過程 ── アイディアの受容と変容」『公共政策研究』第 4 号, 59-70 頁。

足立幸男（1994）『公共政策学入門 ── 民主主義と政策』有斐閣。

足立幸男・森脇俊雅編（2003）『公共政策学』ミネルヴァ書房。

天野明弘（1997）『環境との共生をめざす 総合政策・入門』有斐閣。

石川真澄ほか（1995）『現代政治 キーワード』有斐閣双書。

伊藤修一郎（2001）「政策波及とアジェンダ設定」『レヴァイアサン』28, 9-45 頁。

伊藤元重（2000）『通商摩擦はなぜ起きるのか ── 保護主義の政治経済学』NTT 出版。

伊藤元重・石黒一憲（1993）『提言 通商摩擦』NTT 出版。

伊藤元重・大山道広（1996）『国際貿易』岩波書店。

伊藤元重・奥野正寛（1991）『通商問題の政治経済学』日本経済新聞社。

猪口孝（2002）『東アジア・太平洋世界』筑摩書房。

岩田喜代治（1995）「加工業者の対応」農政ジャーナリストの会編『急増する輸入野菜と国内産地』農林統計協会。

岩田伸人（2001）「我が国のセーフガード制度の問題と提案」『貿易と関税』第 49 巻第 12 号, 72-79 頁。

浦田秀次郎編著（2002）『FTA ガイドブック ── 自由貿易協定』ジェトロ。

大矢根聡（2002）『日米韓半導体摩擦 ── 通商交渉の政治経済学』有信堂高文社。

岡本次郎編（2001）『APEC 早期自由化協議の政治過程 ── 共有されなかったコンセンサス』日本貿易振興会アジア経済研究所。

OECD（2002）『OECD 対日経済審査報告書 2002』。

―― (2003)『OECD 対日経済審査報告書 2003』。

加藤國彦（2004）「東アジア域内貿易ネットワークの変容 ── FTA 締結による東アジア地域統合化へ」『情況 第 3 期』第 5 巻第 8 号, 24-35 頁。

金川徹（1989）『日米貿易摩擦の構図 ―― 対立と協調の構図』啓文社。
蒲島郁夫・松原望（1989）「日米経済紛争の収束過程 ―― 日米自動車交渉をケースとして」『レヴァイアサン』5, 52-74頁。
川鉄テクノリサーチ（株）知的財産・技術情報事業部（2002）『アジア鉄鋼業の現状と最近の設備投資動向』川鉄テクノリサーチ。
関志雄（1998）『円と元からみるアジア通貨危機』岩波書店。
―――（2002）『日本人のための中国経済再入門』東洋経済新報社。
関志雄・中国社会科学院世界政治経済研究所編（2004）『人民元切り上げ論争 ―― 中・日・米の利害と主張』東洋経済新報社。
北田芳治（1983）『貿易摩擦と経済政策』大月書店。
北川正恭・縣公一郎・総合研究開発機構編（2005）『政策研究のメソドロジー ―― 戦略と実践』法律文化社。
木村福成・鈴木厚編（2003）『加速する東アジアFTA　現地レポートにみる経済統合の浪』ジェトロ。
国宗浩三編（2000）『アジア通貨危機 ―― その原因と対応の問題点』アジア経済研究所。
倉島隆（2004）『問題発見の政治学』八千代出版。
阮蔚（2001）「野菜の中国からの開発輸入」『中国経済』427, 60-72頁。
国分良成編（2004）『中国政治と東アジア』慶応義塾大学出版会。
経済産業省編（2002）『2002 通商白書』経済産業調査会。
―――（2003）『2003 通商白書』経済産業調査会。
―――（2004）『2004 通商白書』経済産業調査会。
―――（2005）『2005 通商白書』経済産業調査会。
―――（2008）『2008 通商白書』経済産業調査会。
経済産業省経済産業政策局調査統計部編（2003）『鉄鋼統計月報』2003年3月号。
経済産業省通商政策局編『2002年版不公正貿易報告書』経済産業調査会。
―――『2003年版不公正貿易報告書』経済産業調査会。
―――『2004年版不公正貿易報告書』経済産業調査会。
―――『2005年版不公正貿易報告書』経済産業調査会。
小林弘二（2002）『ポスト社会主義の中国政治　構造と変容』東信堂。
近藤健彦（1999）『プラザ合意の研究』東洋経済新報社。
佐々木智弘編（2005）『現代中国の政治変容　構造的変化とアクターの多様化』アジア経済研究所。
佐藤定幸（1987）『日米経済摩擦の構図』有斐閣。
ジェトロ北京センター（2002）「WTO加盟後の中国が抱える構造的課題」『中国経済』2002年5月号。
ジェトロ経済法制度課，北京センター（2003）「中国のWTO協定実施状況 ―― 加盟後1年の評価と課題」『中国経済』2003年2月号。
ジャグディッシュ・バグワティ（1989）『保護主義』サイマル出版会。

新川敏光・井戸正伸・宮本太郎・真柄秀子（2004）『比較政治経済学』有斐閣。
鈴木基史（2000）『国際関係』東京大学出版会。
宗像直子編（2001）『日中関係の転機 —— 東アジア経済統合への挑戦』東洋経済新報社。
高中公男（2001）『アジアの経済成長と貿易戦略』日本評論社。
高野雄一編（1988）『国際関係法の課題』有斐閣。
谷口将紀（1997）『日本の対米貿易交渉』東京大学出版会。
中国WTO加盟に関する日本交渉チーム（2002）『中国のWTO加盟』蒼蒼社。
東西貿易通信社（2001）『中国の鉄鋼業2001年版』。
唐亮（2001）『変貌する中国政治 —— 漸進路線と民主化』東京大学出版会。
中川淳司，トマス・J. ショーエンバウム編（2001）『摩擦から協調へ —— ウルグアイラウンド後の日米関係』東信堂。
中島厚志編（2004）『中国人民元の挑戦』東洋経済新報社。
中戸祐夫（2003）『日米通商摩擦の政治経済学』ミネルヴァ書房。
中野実（1992）『現代日本の政策過程』東京大学出版会。
成島道官（1999）『自立・互恵・共生のアジア圏へ』アテネ社。
長谷川貴弘（2004）「中国-ASEAN間のFTA締結の意義と今後の展望 —— 中国側の視点を中心に」2004年アジア政経学会全国大会提出論文。
新堀聡（1997）『21世紀の貿易政策 —— WTOは新しい貿易問題にいかに対処すべきか』同文館出版。
日本経済新聞社編（2001）『アジア　地域統合への模索』日本経済新聞社。
NIRA・E-Asia研究チーム（2001）『東アジア回廊の形成』日本経済評論社。
農政ジャーナリストの会編（1995）『急増する輸入野菜と国内産地』農林統計協会。
野口悠紀雄（1984）『公共政策』岩波書店。
野林健（1987）『保護貿易の政治力学 —— アメリカ鉄鋼業の事例研究』勁草書房。
────（1996）『管理貿易の政治経済学 —— アメリカの鉄鋼輸入レジーム：1959〜1995』有斐閣。
Van Bael & Bellis法律事務所，亀岡悦子（2002）「鉄鋼製品に関するEUセーフガード装置」『貿易と関税』第50巻第12号，34-39頁。
早川純貴・内海麻利・田丸大・大山礼子（2004）『政策過程論 ——「政策科学」への招待』学陽書房。
平川均・石川幸一編（2003）『新・東アジア経済論 —— グローバル化と模索する東アジア』ミネルヴァ書房。
アメリカ通商代表部（United States Trade Representative）（2003）「中国のWTO加盟合意に関する2002年議会報告」『中国経済』2003年3月号。
ボーガン・アンド・ハートソン法律事務所　リチャード・L. A. ウェルナー・牧原秀樹（2002）「アメリカ鉄鋼セーフガードに対する欧州委員会の対応とその評価」『貿易と関税』2002年8月号。
真渕勝・北山俊哉編（2008）『政策再編時の政策過程』慈学社。

丸紅経済研究所今村卓（2003）「中国人民元の行方〈金融・マクロ経済からの視点〉」http://www.marubeni.co.jp/research/3_pl_ec_world/030902imamura/

丸紅経済研究所柴田明夫（2003）「中国人民元切り上げの可能性とその影響」http://www.marubeni.co.jp/research/3_pl_ec_world/030725shibata/

宮川公男（2003）「政策科学のアプローチ」『NIRA 政策研究』第 16 巻第 2 号，10-16 頁。

宮本憲一（1998）『公共政策のすすめ —— 現代的公共性とは何か』有斐閣。

村瀬信也（2002）『国際立法 —— 国際法の法源論』東信堂。

薬師寺泰蔵（1989）『公共政策』東京大学出版会。

柳川範之（1998）『戦略的貿易政策 —— ゲーム理論の政策への応用』有斐閣。

山影進編（2003）『東アジア地域主義と日本外交』日本国際問題研究所。

山本吉宣（1989）『国際的相互依存』東京大学出版会。

ラビ・バトラ（1993）『貿易は国を滅ぼす』光文社。

劉德強（2002）「国有企業における経営者の能力・努力と経営効率 —— 中国鉄鋼企業に関する実証研究」『アジア経済』第 43 巻第 3 号，2-28 頁。

ロナルド・マッキノン，大野健一（1998）『ドルと円　日米通商摩擦と為替レートの政治経済学』日本経済新聞社。

渡辺利夫編（2003）『ジレンマのなかの中国経済』東洋経済新報社。

関志雄『中国経済新論』ウェブサイト　http://www.rieti.go.jp/users/china-tr/jp/index.htm

日本経済新聞ウェブサイト　http://www.nikkei.co.jp/

外務省ウェブサイト　http://www.mofa.go.jp/mofaj/

財務省ウェブサイト　http://www.mof.go.jp/

対外政策総合ウェブサイト　http://www.meti.go.jp/policy/trade_policy/

農林水産省ウェブサイト　http://www.maff.go.jp/

農業協同組合新聞ウェブサイト　http://www.jacom.or.jp/01121201.htm

田中明彦（1989）「日本外交と国内政治の関連　外圧の政治学」『国際問題』348 頁。

小宮隆太郎・伊藤元重（1987）「国際貿易・貿易政策の展開 1955-83」国際文化会館編『現代日本の政治経済第 2 巻　現代日本の国際関係』総合研究開発機構。

中国語

崔日明（2002）「中国—東盟自由貿易区：従構造到現実」中国商務省ウェブサイト。

馮雷（2004）『経済全球化与中国貿易政策』経済管理出版社。

胡寧生（2000）『現代公共政策研究』中国社会科学出版社。

賈懷勤（2001）『方法　制度　数拠 —— 対外経済貿易統計研究』対外経済貿易大学出版社。

金柏松（2004）「難逾超的障害—日本対東亜区域経済合作新戦略及其分析」『国際貿易』2004 年第 7 期。

季衛東（2003）「日本経済受挫的教訓是什麼？—泡沫破滅前後的制度条件的分析」『比較』第 6 輯。

劉伯龍等主編（2000）『当代中国公共政策』復旦大学出版社。
劉昌黎（2004）「弥合分歧―日韓自由貿易区談判原則及面臨的課題」『国際貿易』2004年第7期。
劉力（2004）『中国：直面国際経済摩擦』中国大百科全書出版社。
内地与香港経済合作中貿易便利化問題研究課題組（2004）「加速進程―内地与香港経済合作中貿易便利化問題研究」『国際貿易』2004年第7期。
橋納森・安徳森（2004）「"中国奇跡"面臨的新挑戦」『比較』第14輯。
石広生（2003）『世紀之交的中国対外経済貿易』人民出版社。
呉寄南・陳鴻斌（2004）『中日関係"瓶頚"論』時事出版社。
徐強（2004）「世界FTAs発展態勢与中国策略分析」中国商務省ウェブサイト。
許寧寧編（2003）『中国―東盟自由貿易区』紅旗出版社。
徐長文（2004）「政治冷経済亦不熱 ―― 中日両国関係中"政冷経熱"現象分析」『国際貿易』2004年第7期。
于永達（2001）『2001反傾銷報告』中国経済出版社。
陳明星・施丹「健全かつ安定的な為替政策とは」『中国経済新論』。
中国社科院財貿所課題組（2004）「同異之間 ―― 我国与美日欧大国経済摩擦的特点分析」『国際貿易』2004年第3期。
中国商務部ウェブサイト　http://www.moftec.gov.cn/
新浪網　http://www.sina.com.cn/
中財網　http://cfi.net.cn/
新華網　http://www.xinhuanet.com/
中新網　http://www.chinanews.com.cn/
中国対外貿易経済合作部　http://www.moftec.gov.cn/

英語

Boborow, Davis B. and John S. Dryzek. (1987) *Policy analysis by design*. University of Pittsburgh Press.（重森臣広訳（2000）『デザイン思考の政策分析』昭和堂。）

Bergsten, C. Fred, Takatoshi Ito, and Marcus Noland. (2001) *No More Bashing: Building a New Japan-United States Economic Relationship*, IIE.

Deleon, Peter. (1988-89) "The contextual burdens of policy design." *Policy Studies Journal* Vol. 17, No. 2, Winter.

Deleon, Peter and Phyllis Resnick-Terry. (1999) "Comparative policy analysis: Déjá vu all over again?" *Journal of Comparative Policy Analysis: Research and Practice* Vol. 1, 9-22.

Dryzek, John S. (1983) "Don't toss coins in garbage cans: A prologue to policy design." *Journal of Public Policy* Vol. 3, 345-68.

Duncan Macrae, JR. (1999) "Cross-national perspectives for aiding policy choice." *Journal of Comparative Policy Analysis: Research and Practice* Vol. 1, 23-37.

Elmore, Richard F. (1979–80) "Backward mapping: Implementation research and policy decisions." *Political Science Quarterly* Vol. 94, 601–16.

Evans, Peter B., Harold K. Jacobson, and Robert D. Putnam (eds.), (1993) *Double-edged Diplomacy: International Bargaining and Domestic Politics*, University of California Press.

Goldstein, Judith and Robert Keohane (eds.), (1993) *Ideas and foreign Policy: Briefs, Institutions, and Political Changes*, Cornell University Press.

Goldstein, Judith (1993) *Ideas, Interests, and American Trade Policy*, Cornell University Press.

Hall, Peter A. (1997) 'The Role of Interests, Insitutions, and Ideas in the Comparative Political Economy of the Industrialized Nations", in Mark Irving Lichbach and Alan S. Zuckerman (eds.), *Comparative Politics: Rationality, Culture, and Structure*, Cambridge University Press.

IMF (2004) "chapter II the global implications of the U. S. fiscal deficit and of China's growth." *World Economic Outlook, Advancing Structural reforms.*

Iris Geva-May (with Aaron Wildavsky). (1997) *An Operational Approach to policy Analysis: the craft: Prescriptions for better analysis*. Kluwer Academic Publishers.

Linder, Stephen H. and Peters, B. Guy. (1985) "From social theory to policy design." *Journal of Public Policy* Vol. 4, 237–59.

—— (1988) "The analysis of design or the design of analysis." *Policy Studies Review* summer, 738–50.

—— (1989) "Instruments of Government: Perceptions and Contexts." *Journal of Public Policy* Vol. 9, 35–58.

—— (1991) "The logic of public design: Linking policy actors and plausible instruments." *Knowledge and Policy* Spring-summer, 125–51.

May, Peter J. (1981) "Hints for crafting alternative policies." *Policy analysis* Vol. 7, 227–244.

—— (1991) "Reconsidering Policy Design: Policies and Publics." *Journal of Public Policy* Vol. 11, No. 2, 187–206.

Meltsner, Arnold J. (1972) "Political feasibility and policy analysis." *Public Administration Review*. Vol. 32 No. 6, November/December, 859–867.

Miller, Trudi C. (1984) "Conclusion: A Design Science Perspective." Miller, Trudi C. (ed.), *Public Sector Performance: A Conceptual Turning Point*. Johns Hopkins University press.

OECD. (2003) "China's economy: Still some way to go." *OECD Observer.*

Putnam, Robert D. (1988) "Diplomacy and Domestic Politics: The Logic of Two-Level Games." *International Organization* Vol. 42, No. 3, 427–460.

USTR. 2004. *2004 Inventory of Foreign Trade Barriers.*

Rose, Richard (1991) "What is Lesson-Drawing?" *Journal of Public Policy* Vol. 11, 3–30.

Schmidt, Vivien A. (2002) *The Future of European Capitalism*, Oxford University Press.

Schneider, Anne Larson and Helen Ingram. (1988) "Systematically Pinching Ideas: A Comparative Approach to Policy design." *Journal of Public Policy* Vol. 8, 61–80.

—— (1997) *Policy Design for Democracy*. University Press of Kansas.

Weimer, David L. and Vining, Aidan R. (1989) *Policy Analysis: Concepts and Practice*. Prentice-Hall, Inc.

Weimer, David L. (1992) "The Craft of Policy Design: Can It Be More Than Art?" *Policy Studies Review* Autumn/Winter 1992, 370–88.

—— (1993) "The Current State of Design Craft: Borrowing, Tinkering, and Problem Solving." *Public Administration Review* March/April 1993, 110–120.

Wildavsky, Aaron. (1979) *Speaking truth to power, the art and craft of policy analysis*. Little Brown.

WTO. (2003) "Trade recovered in 2002, but uncertainty continues." Press/337.

WTO. (2004) "Stronger than expected growth spurs modest trade recovery." Press/373.

資料1

一般セーフガードについて

　一般セーフガードは，1994年GATT（関税および貿易に関する一般協定）第19条，セーフガード協定に基づき，輸入急増による国内産業への重大な損害の防止のために認められている緊急措置である。

　我が国においては，関税の引き上げについては関税定率法第9条および緊急関税等に関する政令，輸入数量制限については外為法および輸入貿易管理令に基づく経済産業省告知をもって規定されている。

1. 対象品目
　農林水産物を含むモノ全般

2. 発動要件
① 外国における価格の低落その他予想されなかった事情の変化による輸入の増加があること
② 輸入の増加により国内産業に重大な損害又はその恐れが生じていること（客観的な証拠に基づくその因果関係の立証が必要）
③ 民経済上緊急に必要があること

3. 措置内容・期間
(1) 措置内容
　関税引き上げ（関税割当を含む）又は輸入数量制限
　① 関税引き上げの場合，その引き上げ後の税額の上限は内外価格差（輸入価格と適正な国内卸売価格との差額）まで。
　② 数量制限の場合，その数量は原則として直近の適当と認められる3年間の平均輸入数量以上。
　　（ただし，重大な損害を防止し又は救済し，構造調整を容易にするために必要な限度内とされている。）
(2) 発動期間
　原則4年以内，延長しても最大8年以内（暫定期間を含む。）
　（ただし，重大な損害を防止し又は救済し，構造調整を容易にするために必要な期間とされている。）

4. 発動手続き
(1) 調査
　発動するに当たっては，輸入増加の事実およびこれによる国内産業の重大な損害又はそのおそれがある事実についての十分な証拠がある場合において必要があると認めるとき，これらの事実の有無につき調査を行う。この調査は原則1年以内に終了させる。
　農林水産省所管物資の場合，財務大臣，経済産業大臣および農林水産大臣によって行われる。
(2) 利害関係国との協議（補償措置，対抗措置）
　発動に先だって，利害関係国との協議等を行い，補償措置をとるよう努力しなければならない。
　輸出国は，わが国からの輸出に関し，関税引上げ等による対抗措置をとることができる。
　（措置が輸入の絶対量の増加の結果としてとられたものであり，当該措置がセーフガード協定に適合する場合には，当該措置がとられている最初の3年間については，輸出国は対抗措置をとることはできない。）
(3) 審議会への諮問
　(1)の調査により発動の必要性があると認められた場合は，関税については関税率審議会，輸入数量制限については輸出入取引審議会への諮問を経て措置が決定される。
(4) WTOへの通報
　調査の開始，暫定措置の発動，損害又はそのおそれの認定，措置の実施又は延長に当たってはWTOにその内容について通報する必要がある。

5. 暫定措置
(1) 発動要件
　調査が開始された場合において，調査完了前にも十分な証拠により輸入増加の事実およびこれが国内産業に与える重大な損害等について推定することができ，国民経済上に特に緊急必要があること。
(2) 措置内容・期間
　関税引上げのみ。200日以内。（調査の完了前に発動可能。）
　（調査により損害が認定されなければ，徴収した税は還付する。）

（措置をとる前に WTO に通報し，措置がとられた後に直ちに関係国と協議を行う。）

資料2
ねぎ等3品目セーフガード日中協議結果

2001年12月21日，平沼赳夫経済産業大臣，武部勤農林水産大臣と石広生対外貿易経済合作部部長は，農産品3品目（ねぎ，生しいたけおよび畳表）に係るセーフガード問題につき協議を行った。この協議結果は以下のとおりである。

1 日中双方は，ねぎ等3品目に係る貿易スキームを早急に構築し，農産物貿易協議会を中心として，3品目の秩序ある貿易を促進することで意見の一致を見た。
　また，日中双方は，農産物貿易協議会が構築されるまでの間においても，3品目の秩序ある貿易のために尽力することで意見の一致を見た。
　同スキームの内容は，以下のとおりとなっている。

ねぎ等3品目に係る貿易スキーム

（農産物貿易協議会）
　両国は，生産者等幅広い関係者が参加した協議会を設立し，3品目の需要，品質，生産，価格等の情報を交換し，また，生産，需要および貿易の状況の適時的確な把握や産品の品質の向上を図るとともに，作付け，生産および貿易の健全な発展を誘導することによって，秩序ある貿易を促進する。

（政府間協力の強化）
　両国政府は，秩序ある貿易を促進するため，協力を強化し，積極的に情報を交換し，業界に対する指導を強化し，正常な貿易を共に維持し，違法貿易を取り締まり，必要に応じて協議を実施する。

（農産物貿易全般に係る協議メカニズム）
　両国政府は，政府と民間の両ルートを通じ，現在の協議メカニズムの基礎の上に，農産品貿易全般に係る協力について検討し，強化する。

2 ねぎ等3品目に係る貿易スキームについて両国で意見の一致を見たことを踏まえて日本側は，現在調査中のねぎ等3品目のセーフガード確定措置を実施しないこととした。

また，中国側は，自動車等3品目に係る特別関税措置を撤廃することとした。

資料3

ネギ等農産品3品目に対する暫定的セーフガードの経過

2000年12月19日	調査開始について，3大臣が合意
2000年12月22日	調査開始を告示
2001年2月6日	中国対外貿易部龍永図副部長が来日，農水省の松岡副大臣と会談
2001年2月20日	日中政府間初の事務レベル協議
2001年2月27日	日本タオル工業組合連がセーフガード発動要請
2001年3月15日	対外貿易部高虎城部長助理など代表団が来日，東京で2回目の協議
2001年3月19日	農水省松岡副大臣が訪中，3回目の協議
2001年3月22日	利害関係者からの証拠または証言提出の期限
2001年4月6日	3大臣がセーフガード発動につき了承
2001年4月10日	実質的に決定　閣議報告
2001年4月13日	松岡農水副大臣が訪中　中国政府にセーフガード発動に関する説明
2001年4月21日	西陣のネクタイ業者がセーフガード発動要請
2001年4月23日	暫定セーフガード発動　200日間
2001年4月27日	証拠等の閲覧　利害関係者からの意見表明等の期限
2001年5月4日	ASEAN＋3経済担当相会議で，石広生対外貿易部長と経産省の今野審議官と会談
2001年5月9日	漁協，ウナギセーフガード発動要請
2001年5月31日	表明された意見を取りまとめ発表

2001年6月4日	北京で日中情報交換会
2001年6月19日	中国政府が対抗措置を発表
2001年6月22日	中国政府が対抗措置として特別輸入関税（100%）の徴収開始
2001年6月21日	3品目について，国内体制改革の展開方向と対策を公表
2001年7月3～4日	北京で日中局長協議
2001年8月30日	野菜の構造改革対策を公表
2001年10月8日	小泉首相が訪中，朱鎔基総理と会談
2001年10月17～18日	APEC閣僚会議
2001年10月20～21日	小泉総理と江沢民国家主席「話し合いによる解決」で合意
2001年11月1日	日中政府間協議
2001年11月8日	暫定的セーフガード期限切れ
2001年11月12日	日中閣僚会談（武部・平沼両大臣と石広生部長　カタール）
2001年12月19日	日中次官級政府間協議（東京）
2001年12月21日	日中間閣僚協議　交渉妥結（武部・平沼両大臣と石広生部長　北京）
2002年2月7～8日	第一回日中農産物貿易協議会（上海）
2002年3月28日	第二回日中農産物貿易協議会（北京）

資料4

各国鉄鋼セーフガード発動の経過

2001.06.05	米ブッシュ大統領「鉄鋼に係る多国間イニシアティブ」を発表
2001.06.28	アメリカ際貿易委員会（USITC）は通商代表部（USTR）の要請を受け，調査開始（33品目）
2001.10.22	USITCは16品目を救済措置の対象とする
2001.12.07	USITCはブッシュ大統領に高関税の賦課勧告案を提出
2002.01.17	欧州委員会（EC）　鉄鋼製品輸入に関する監視措置の導入を開始
2002.02.07～08	OECD第三回ハイレベル会合

2002.03.05		ブッシュ大統領は鉄鋼SG発動決定
2002.03.14		日米二国間事前協議
2002.03.20		米政府　大統領決定に基づきSG発動（14品目）
2002.03.22		中米二国間協議
2002.03.29		EU暫定鉄鋼SG発動（15品目）
2002.04.18〜19		OECD第四回ハイレベル会合
2002.04.22		中米二国間協議
2002.05.07		EU　WTOに米鉄鋼SGに関するパネル設置要請，報復リストを提出
2002.05.17		日本　WTOに米鉄鋼SGに関する報復リストを提出
2002.05.21		日本　WTOに米鉄鋼SGに関するパネル設置要請
2002.05.24		中国　暫定的鉄鋼SG発動
2002.06.03		ハンガリー　暫定的鉄鋼SG発動
2002.06.07		米政府　61品目除外発表
2002.06.07		中国　WTOに米鉄鋼SGに関するパネル設置要請
2002.06.17		米政府　46品目除外発表
2002.06.20		中韓政府間協議
2002.06.24		日中政府間協議　適用除外品検討
2002.07.16		チリ　確定鉄鋼SG発動
2002.08.07		日中民間ベースの官民鉄鋼貿易協議
2002.08.19		ポーランド　暫定鉄鋼SG発動
2002.08.31		日中官民鉄鋼協議　輸入制限の適用除外を焦点に
2002.09.13		経済協力開発機構（OECD）　鉄鋼貿易補助金削減で大筋一致
2002.09.13		日韓　中国にSG撤回を要求
2002.09.16		WTO　EU鉄鋼SGに関するアメリカの申し立てに基づきパネル設置
2002.09.29		EU　確定鉄鋼SGを決定（7品目）
2002.11.20		中国　確定鉄鋼SGを発動（5品目）
2002.12.18〜19		OECD第五回ハイレベル会合　中国初めて参加

資料5

鉄鋼産業発展政策の抜粋

全文要旨 　　中国の鉄鋼生産量は世界第一位であるが，産業の技術レベルや省エネレベルは国際的な先進レベルとは落差がる。今後の発展の重点は技術のグレードアップと構造調整であるとの基本認識の下で鉄鋼業の健全な発展を指導する。
第一章　政策目標 　第三条 　　合併・再編を実施し，産業の集中度を高める。上位10社への鉄鋼生産シェアを2010年までに50％以上，2020年までには70％以上に引き上げる。
第二章　産業発展計画 　第八条 　　2003年の鉄鋼生産量が500万トンを超える企業グループは，国家鉄鋼産業の長期発展計画および所在都市の全体計画に基づき，自社グループの計画を設定してもよい。国務院または国家発展改革委員会が必要な調整を行った後，認可する。計画内の具体的な建設プロジェクトについては，国家発展改革委員会は再度の審査を行わない。
第三章 　第十条 　　鉄鋼産業の配置調整は原則として，新しい鉄鋼連合企業や独立した製鉄や製鋼工場を単独で建設せず，また独立した圧延工場の建設を勧めない。原則として大幅な鉄鋼生産能力の拡大を目指さない。
第四章　産業技術政策 　第十二条 　　鉄鋼産業のアップグレードを確保し，持続可能な発展を実現し，低レベルの重複建設を防止するため，鉄鋼産業の設備レベルと技術的かつ経済的指標の認可条件を以下のとおり規定する。焼結機の使用面積は180立方メートル以上，コークス製造炉炭化室の高度は6メートル以上，高炉の有効容積は1000立方メートル以上，転炉の容量は200トン超，鉄鋼生産規模は800万トン以上。
第五章　産業技術政策 　第二十条 　　有力な大型企業グループが地域を越えて連合による再編成を行うことを奨励及び支持して，2010年までに国際的な競争力を備えた3000万トン級規模の超大型企業グループを二つ，1000万トン級規模の大型企業グループを若干数形成する。
第六章　投資管理（省略）
第七章　原材料政策（省略）
第八章　鋼材使用の節約（省略）
第九章　その他（省略）

出所：中国発展改革委員会［2005］

資料6

中国WTO加盟交渉の経過

1947年	GATT（「関税と貿易に関する一般協定」）成立。「中華民国」は23の設立国の1つ。
1950年3月	台湾の国民党政権がGATTから脱退を宣告。
1986年7月	中国がGATT事務局に締約国としての地位の回復を申請。
1990年1月	台湾が加入申請。
1992年1月	中国、225品目の輸入関税引き下げ。4月、輸入調節税を廃止。12月、3371品目の税率引き下げ。
1993年12月	GATTの多角的貿易交渉（ウルグアイ・ラウンド）最終合意。
1994年1月	中国、人民元レートを統一、234品目に低税率適用（1年限り）、283品目の輸入管理を廃止。
4月	GATT閣僚会議をマラケシュで開催、中国、ウルグライ・ラウンドの一覧協議に調印。
5月	中国、195製品の輸入許可および割当を撤廃。
1995年1月	世界貿易機関（WTO）発足。7月、WTOは中国に対しオブザーバーとして受入を決定。
12月	中国が176品目の輸入規制措置廃止を発表。
1996年3月	ジュネーブでWTO中国作業部会第一回公式協議。
4月	中国、税目総数の75.8％に当たる4962品目の関税率を引き下げ（平均35.9％）。
1997年9月	橋本首相訪中。日中の二国間交渉で物品の市場アクセスについて実質合意。
10月	江沢民国家主席訪米。中国、4800品目（全体の74％）の関税率を現行の23％から17％に引き下げ。
1998年2月	アメリカと台湾の二国間交渉が妥結。
4月	中国が新たに5669品目の関税率を従来提示の16.6％から10.8％に引き下げると提案。
1999年4月	朱鎔基首相訪米。中国側提案に対しアメリカはさらなる譲歩を引き出すべく最終合意を保留、包括合意に至らず。
5月	NATO軍が駐ユーゴスラビア中国大使館を誤爆。中国は米中二国間交渉を中断。
7月	小渕首相訪中。サービスの貿易に関する二国間交渉が妥結し、日中二国間交渉は実質合意。
11月	北京での米中二国間交渉が妥結、合意に達する。
2000年5月	EU・中国間の交渉が妥結・合意に達する。

出所：『中国経済データハンドブック』（日中経済協会）など

資料 7

主要外貨に対する人民元の平均レート

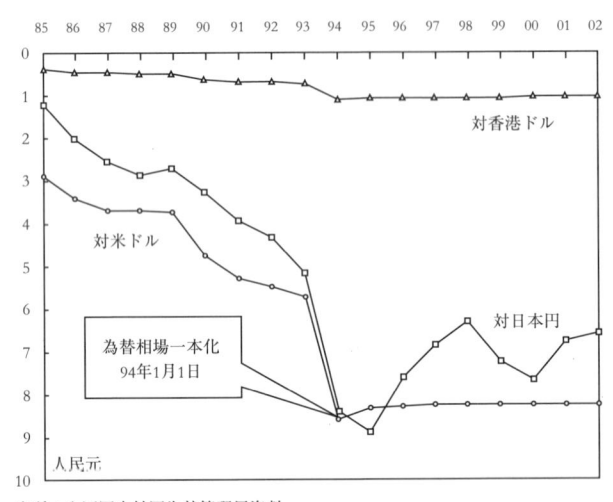

（グラフ：横軸 85～02 年、縦軸 人民元 0～10）
対香港ドル
対米ドル
対日本円
為替相場一本化
94年1月1日

出所：中国国家外国為替管理局資料

資料 8

日本の FTA 戦略（要旨）

平成 14 年 10 月

1. なぜ自由貿易協定（FTA）か

(1) 経済グローバル化が進展する中，自由貿易体制の維持強化が重要であり，WTO の果たす役割は依然として大きいが，WTO で実現できる水準を越えた，あるいはカバーされていない分野における連携の強化を図る手段として FTA を結ぶことは，日本の対外経済関係の幅を広げる上で意味が大きい。

(2) EU，米は大規模な地域経済貿易網の構築と，WTO 交渉の両方を睨んだ政策を追求しており，今回の新ラウンドは，このような大規模地域統合

が構築される前の最後の多角的貿易交渉と言える。日本としても，WTO交渉のみならず，FTAの動きも視野に入れた対外経済関係の強化を行う必要がある。

2. 自由貿易協定を推進する具体的メリット
(1) 経済上のメリット
　輸出入市場の拡大，より効率的な産業構造への転換，競争条件の改善の他，経済問題の政治問題化を最小化し，制度の拡大やハーモニゼーションをもたらす。
(2) 政治外交上のメリット
　WTO交渉における交渉力を増大させるとともに，FTA交渉の結果をWTOへ広げ，WTOの加速化につなげる。また，経済的な相互依存を深めることにより相手との政治的信頼感も生まれ，日本のグローバルな外交的影響力・利益を拡大することにつながる。

3. 自由貿易協定推進にあたり留意すべき点
(1) WTO協定との整合性
　地域貿易取り決め（RTA）形成前よりも関税等が高度または制限的なものであってはならない，実質上のすべての貿易について，関税その他の制限的通商規則を廃止する，原則として10年以内にRTAを完成させる，という三点を確保する必要がある。「実質上のすべての貿易」については，貿易額で国際的に見て遜色のない基準を実現する自由化を達成すべきである（なお，通報ベースでは，NAFTAは平均99％，EU・メキシコは97％）。
(2) 国内産業への影響
　日本の市場開放から生じる痛みを伴わずにFTAの利益は確保できないが，日本の産業構造高度化にとって必要なプロセスと考えるべきである。人の移動をはじめいくつかの規制分野，あるいは農業分野における市場開放と構造改革のあり方は避けて通れない問題。政治的センシテヴィティに留意しつつ，FTAを日本の経済改革に繋げていく姿勢抜きには，日本全体の国際競争力を強化する手段としての目的は達成できない。

4. 目指すべき自由貿易協定の姿（何について交渉するのか）

(1) 包括性，柔軟性，選択性

当面はシンガポールとの経済連携協定をベースにすることが選択肢としてあり得るが，柔軟に考えるべきであり，シンガポール・プラスあるいはマイナスもあり得る。また，特定の分野（投資，サービス）の先行ないし限定もあり得る。

(2) 日ASEAN包括的経済連携構想の実現に向け考慮すべき事項

他の地域の経済統合に比肩し得るものとするよう，可能な限り高度な自由化を広範囲な分野で行うことを目指すべきである。

(3) 途上国支援としてのFTA活用の可能性

アフリカを含む開発途上国の経済発展を促すためには，FTA締結も，政策的手段の一つとして考えられよう。

5. 自由貿易協定の戦略的優先順位

(1) 判断基準

（イ）経済的基準，（ロ）地理的基準，（ハ）政治外交的基準，（ニ）現実的可能性による基準，（ホ）時間的基準等が考えられる。

(2) 日本のFTA戦略―具体的検討課題

日本は東アジア，北米，欧州の3地域を主要パートナーとしており，この3地域が日本貿易の8割を占めているが，先進国同士の関係にある北米，欧州に比べ，東アジアとのFTAが更なる自由化を通じ最も大きな追加的利益を生み出す。関税率をとってみても，単純平均した関税率は，アメリカが3.6％，EUが4.1％，中国が10％，マレイシアは14.5％，韓国は16.1％，フィリピンは25.6％，インドネシアは37.5％となっており，<u>日本産品は最も貿易額の多い東アジア地域において最も高い関税を課されている</u>。ASEANや中国との競争に晒され，多くがその生産拠点を東アジアに移している日本企業にとっても東アジアの自由化を進めることは円滑な企業活動に資する。

<u>日本がFTAを進めていく際，地域システムの構築による広い意味での政治的・経済的安定の確保を考慮する必要がある。また，緊密な経済関係を有しつつも，比較的高い貿易障壁の存在故に日本経済の拡大の障害の残る国・地域とのFTA締結を優先すべきである。</u>かかる観点からは，東ア

ジアが有力な交渉相手地域となり，上述の「現実的可能性による基準」「政治的外交的基準」に鑑みれば，韓国およびASEANがまず交渉相手となる。

　同時に，NAFTA，およびEUとのFTA締結により，日本企業が相対的に高い関税を支払わされているメキシコについても早急な対応が求められる。

　（イ）日中韓プラスASEANが中核になる東アジアにおける経済連携
　　まずは韓国およびASEANとのFTAを追求し，中長期的にはそうした土台の上に，中国を含む他の東アジア諸国・地域とのFTAにも取り組むべきである。
　　韓国については，政治的重要性，幅広い国民的接触，深い経済的相互依存関係，両国財界人からの包括的なEPA/FTAを目指すべしとの共同提言等にかんがみれば，2003年2月の韓国新政権発足後，可能な限り早期の交渉開始を目指すべきである。また，今後，日中韓を中心とする東アジアの経済関係に関する共通のビジョンを十分に議論すべきである。
　　ASEANについては，究極的にはASEAN全体との経済連携強化を視野に入れつつも，先ずは日本との二国間FTAに積極的関心を示している主要なASEAN諸国（タイ，フィリピン，マレイシア，インドネシア等）との間で，日シンガポール経済連携協定の枠組をベースにして，個別に連携の取組のための作業を早急に進めていくべきである。そして二国間のFTAの仕上がり具合を勘案しながら，右をASEAN全体に拡大するプロセスに入るべきである。
　　中国については，究極的には日中韓プラスASEANを中核とする東アジアの経済連携との観点からFTAの可能性を視野におきつつも，当面はWTO協定の履行状況，中国経済の動向，日中関係全体の状況，WTO新ラウンドやアジア各国間のFTA交渉の動き等を総合的に勘案しつつ，方針を定めるべきである。
　　香港についても，日中間の経済相互依存関係を展望するプロセスの中で，FTAの可能性も排除することなく検討すべきである。
　　台湾は，WTO協定上の独立関税地域であり，WTO加盟国とのFTA

締結の可能性は理論的・法技術的には検討の対象となり得るが，関税率は既に低いため，FTAを通じた関税引き下げを行ったとしても双方の利益はそれほど大きくない。具体的な分野に即して経済関係の強化を検討することがより適当である。

豪州・NZとの間では農産物の扱いがセンシティブであるが，多くの点で日本と価値観や利害関係を共有する。特に豪州は資源の大口供給国。両国経済界提言の通り，包括的なFTA締結を中長期的課題として残しつつも，短期的には相互に利益ある分野における経済連携を図るという二段階方式も一案と思われる。

メキシコは，前述のとおり早急な交渉の開始が求められる。

(ロ) その他の国・地域に関する予備的考察

チリの関税構造，日本との貿易額，主要輸出品等にかんがみれば，チリとのEPA/FTAは，中長期的な課題ではあるが，喫緊の最重要課題とはならず。

メルコスールは，中南米における経済統合の牽引役であり，米州自由貿易地域構想（FTAA）締結に向けた動き，EUとのFTA交渉の行方等は注視する必要。

ロシアについては，FTAのような包括的経済関係強化は，個別案件を通じた関係を強化した後の検討課題であろう。

南アジアについては，当面は，インドが国際経済にどのように統合していくかを注目していく中で，連携のあり方を考えるべきである。

アフリカについては，FTAを途上国支援の方途として用いることは理論的には可能であるが，日本企業にとっての利益の有無も考慮に入れる必要がある。

北米・EUについて，これらとのFTAは，農林水産物の扱い等，相当困難な課題。また，日米FTAには大きな貿易転換効果。当面は，特定分野（相互承認等）における枠組作りや，規制改革対話等を通じた関係強化を図ることが有益と考えられる。

出所：日本外務省ウェブサイト

資料 9

現在も効力を有している地域貿易協定の GATT/WTO への通報時期

	先進国同士	発展途上国同士	先進国および発展途上国	合計
1955–1959	1			1
1960–1964	1	1		2
1965–1969		1		1
1970–1974	2	1	3	6
1975–1979			3	3
1980–1984	1	2	1	4
1985–1989		1	2	3
1990–1994	1	8	8	17
1995–1999		16	14	30
2000–0004	2	25	29	56
2005–	3	3	22	28
合計	11	58	82	151

備考：1. WTO に通報された地域貿易協定のうち，GATT と GATS 両方への通報に伴う重複を除き，かつ既存の協定への新規加盟国追加に伴う重複を除いた 151 件を分類。
2. OECD 加盟国もしくは EU 加盟国を先進国とし，それ以外の国を発展途上国とした。
出所：通商白書 2008 年版

資料 10

日中貿易額の推移（通関実績）＜米ドルベース＞

単位：1,000 米ドル，%

	我が国の輸出		我が国の輸入		輸出入合計		バランス
	金額	前年比	金額	前年比	金額	前年比	（△印は入超）
1950	19,633	—	39,328	—	58,961	—	△ 19,695
1951	5,828	− 70.3	21,606	− 45.1	27,434	− 53.5	△ 15,778
1952	599	− 89.7	14,903	− 31.0	15,502	− 43.5	△ 14,304
1953	4,539	+ 657.8	29,700	+ 99.3	34,239	+ 120.9	△ 25.161
1954	19,097	+ 320.7	40,770	+ 37.3	59,867	+ 74.9	△ 21,673
1955	28,547	+ 49.7	80,778	+ 98.1	109,325	+ 82.6	△ 52,131
1956	67,339	+ 135.9	83,447	+ 3.6	150,786	+ 38.1	△ 16,108

1957	60,485	−10.2	80,483	−3.8	140,968	−6.6	△19,998
1958	50,600	−16.3	54,427	−32.4	105,027	−25.5	△3,827
1959	3,648	−92.8	18,917	−65.2	22,565	−78.5	△15,269
1960	2,726	−25.3	20,729	+9.6	23,455	+3.9	△18,033
1961	16,639	+510.4	30,895	+49.0	47,534	+102.7	△14,256
1962	38,460	+131.1	46,020	+49.0	84,480	+77.6	△7,560
1963	62,417	+62.3	74,599	+62.1	137,016	+62.2	△12,182
1964	152,739	+144.7	157,750	+111.5	310,489	+126.2	△5,011
1965	245,036	+60.4	224,705	+42.4	469,741	+51.3	20,331
1966	315,150	+28.6	306,237	+36.3	621,387	+32.3	8,913
1967	288,294	−8.5	269,439	−12.0	557,733	−10.2	18,855
1968	325,439	+12.9	224,185	−16.8	549,624	−1.5	101,254
1969	390,803	+20.1	234,540	+4.6	625,343	+13.8	156,263
1970	568,878	+45.6	253,818	+8.2	822,696	+31.6	315,060
1971	578,188	+1.6	323,172	+27.3	901,360	+9.5	255,016
1972	608,921	+5.3	491,116	+52.0	1,100,037	+22.0	117,805
1973	1,039,494	+70.7	974,010	+98.3	2,013,504	+83.0	65,484
1974	1,984,475	+90.9	1,304,768	+34.0	3,289,243	+63.4	679,707
1975	2,258,577	+13.8	1,531,076	+17.3	3,789,653	+15.2	727,501
1976	1,662,568	−26.4	1,370,915	−10.5	3,033,483	−20.0	291,653
1977	1,938,643	+16.6	1,546,902	+12.9	3,485,545	+14.9	391,741
1978	3,048,748	+57.3	2,030,292	+31.2	5,079,040	+45.7	1,018,456
1979	3,698,670	+21.3	2,954,781	+45.5	6,653,451	+31.0	743,889
1980	5,078,335	+37.3	4,323,374	+46.3	9,401,709	+41.3	754,961
1981	5,095,452	+0.3	5,291,809	+22.4	10,387,261	+10.5	△196,357
1982	3,510,825	−31.1	5,352,417	+1.1	8,863,242	−14.7	△1,841,597
1983	4,912,334	+39.9	5,087,357	−5.0	9,999,691	+12.8	△175,023
1984	7,216,712	+46.9	5,957,607	+17.1	13,174,319	+31.7	1,259,105
1985	12,477,446	+72.9	6,482,686	+8.8	18,960,132	+43.9	5,994,760
1986	9,856,178	−21.0	5,652,351	−12.8	15,508,529	−18.2	4,203,827
1987	8,249,794	−16.3	7,401,429	+30.9	15,651,223	+0.9	848,365
1988	9,475,987	+14.9	9,858,823	+33.2	19,334,810	+23.5	△382,836
1989	8,515,888	−10.1	11,145,762	+13.1	19,661,650	+1.7	△2,629,874

1990	6,129,532	－28.0	12,053,517	＋8.1	18,183,049	－7.5	△5,923,985
1991	8,593,143	＋40.2	14,215,837	＋17.9	22,808,980	＋25.4	△5,622,694
1992	11,949,074	＋39.1	16,952,845	＋19.3	28,901,919	＋26.7	△5,003,771
1993	17,273,055	＋44.6	20,564,754	＋21.3	37,837,809	＋30.9	△3,291,699
1994	18,681,588	＋8.2	27,566,032	＋34.0	46,247,620	＋22.2	△8,884,444
1995	21,930,842	＋17.4	35,922,309	＋30.3	57,853,151	＋25.1	△13,991,467
1996	21,889,808	－0.2	40,550,035	＋12.9	62,439,843	＋7.9	△18,660,227
1997	21,784,692	－0.5	42,066,036	＋3.7	63,850,728	＋2.3	△20,281,344
1998	20,021,591	－8.1	36,895,859	－12.3	56,917,450	－10.9	△16,874,268
1999	23,329,058	＋0.9	42,850,161	＋2.1	66,179,219	＋16.3	△19,521,103
2000	30,427,518	＋30.4	55,303,372	＋29.0	85,730,890	＋29.5	△24,875,854
2001	31,090,723	＋2.2	58,104,744	＋5.1	89,195,467	＋4.0	△27.014.021
2002	39,865,578	＋28.2	61,694,604	＋6.2	101,557,182	＋13.8	△21,826,026
2003	57,219,157	＋43.5	75,192,802	＋21.9	132,411,959	＋22.5	△17,973,645
2004	73,818,019	＋29.0	94,227,211	＋25.3	168,045,230	＋26.9	△20,409,192
2005	80,340,099	＋8.8	109,104,815	＋15.8	189,444,914	＋12.7	△28,764,716
2006	92,851,689	＋15.6	118,516,332	＋8.6	211,368,021	＋11.6	△25,664,643
2007	109,060,309	＋17.5	127,643,646	＋7.7	236,703,955	＋12.0	△18,583,337

※96年以降は大蔵省貿易統計（速報：円ベース）を税関長公示レートに基づき日本貿易振興会がドル建て換算したもの。
出所：日本外務省ウェブサイト

資料11

WTOにおける紛争解決手続き

　WTO協定の一つである「紛争解決に係る規則および手続に関する了解」（"Understanding on Rules and Procedures Governing the Settlement of Disputes" 略称 "**D**ispute **S**ettlement **U**nderstanding"）は，通商案件をめぐる紛争を解決するための手続を規定している。

　WTO設立前，GATTの時代には，紛争処理に関する手続は個別協定やGATT本体の中に規定されていた。しかし，従来の手続では，パネル（案件を審理する小委員会）の設置や，パネル報告の採択（小委員会が下す"判決"の確定）が，GATT理事会におけるコンセンサス（全会一致）により行われていたため，被提訴国の抵抗でパネル設置が遅れたり，敗訴国がパ

ネル報告の採択をブロックしたりするなど，手続の実効性が必ずしも十分確保されていなかった。また，そのような制度上の問題を背景に，政治的に大きな力を持つ国が，GATT の枠組の外で一方的な制裁措置の発動を圧力として通商紛争の解決を図ろうとする動き（米国による「通商法 301 条」が代表的なケース）も問題となっていました。そこで，ウルグアイ・ラウンド交渉の成果の一つとして取りまとめられたのが，現行の DSU である。DSU においては，従来の手続から主に以下の改善が図られた。

(1) パネル手続の自動化・迅速化
　→パネル設置や報告の採択等について，「逆コンセンサス方式」（全会一致で反対されなければ了承）の採用により各種決定手続が自動化された。また，手続の遅延を防ぐため，手続の各段階について詳細な時間枠組が規定された。

(2) 二審制の導入
　→決定手続の自動化の一方で，十分な審理の機会を確保するため，パネル報告に不服がある場合は，上級審的な役割を持つ上級委員会に上訴できることとなった。

(3) 一方的な制裁措置の禁止
　→WTO 協定違反の措置による利益の侵害を回復するためには，WTO 協定に基づく紛争解決手続を利用しなければならないと規定し，同手続を経ない一方的な制裁措置の発動を禁止した。

　このような改善によって手続の実効性が高められたことで，WTO 加盟国による紛争解決手続の利用機会は飛躍的に高まった。WTO 設立から 11 年目の現在まで，既に 340 件を越す紛争案件が DSU に基づき処理されている。ガットの下での紛争案件が 1948 年から 94 年の 46 年間で 314 件だったことを考えれば，現行の DSU がいかに加盟国から信頼され，活用されているかが分かる。
　このように，実効性の高められた WTO 紛争解決手続は，単に紛争を解決する手段としてだけではなく，今や，加盟国による WTO 協定の遵守を

確保するものとして，非常に重要な役割を果たしているのである。

資料 12
アンチ・ダンピング関税措置の概要
1. 概要
アンチ・ダンピング関税は，ダンピング輸出（輸出国内における販売よりも安く行う輸出）が輸入国の国内産業に被害を与えている場合，ダンピング価格を正常な価格に是正する目的で課す特別な関税。

2. 国際協定
1994年の関税および貿易に関する一般協定（GATT）第6条
GATT第6条の実施に関する協定（ダンピング防止協定）

3. 国内関係法令
関税定率法第8条（不当廉売関税）
不当廉売関税に関する政令
相殺関税および不当廉売関税に関する手続等についてのガイドライン

4. 措置内容等
(1) 措置内容：輸入関税の賦課
(2) 措置期間：最長で5年以内。ただし，期限内に正当な見直しがあった場合は，延長される。
(3) 対象：当該貨物の供給者又は供給国を特定し適用
(4) 発動要件：
 1) 不当廉売輸入の事実
 2) 国内産業の損害の事実
 3) 両者の因果関係
 4) 国内産業を保護するために必要であること

5. 日本の発動事例
(1) フェロシリコマン協会

申請者：日本フェロアロイ協会

平成 3 年 10 月 8 日　　　申請

平成 3 年 11 月 29 日　　調査開始

平成 5 年 1 月 29 日　　　調査終了

平成 5 年 2 月 3 日　　　　AD 税賦課

平成 10 年 1 月 31 日　　課税期間満了

※ AD 税

7 社　　　　4.5 〜 19.1％

新規事業者　8.9％

その他　　27.1％

(2)　綿糸 20 番手等

申請者：日本紡績協会

平成 5 年 12 月 20 日　　申請

平成 6 年 2 月 18 日　　　調査開始

平成 7 年 8 月 1 日　　　　調査終了

平成 7 年 8 月 4 日　　　　AD 税賦課

平成 8 年 9 月 13 日　　　新規供給者に対する

平成 9 年 5 月 21 日　　　課税変更又は廃止等

平成 11 年 4 月 30 日

平成 12 年 7 月 31 日　　課税期間満了

※ AD 税

9 社　　　　2.1 〜 7.9％

その他　9.9％

(3)　韓国および台湾産ポリエステル短繊維の一部

申請者：帝人（株），東レ（株），（株）クラレ，東洋紡績（株），ユニチカファイバー（株）

平成 13 年 2 月 28 日　　申請

平成 13 年 4 月 23 日　　調査開始

平成 14 年 7 月 22 日　　調査終了

平成 14 年 7 月 26 日　　AD 税賦課

※ AD 税

韓国 5 社　　　0 〜 6.0％

その他　　　13.5％
　台湾　全社　10.3％

資料 13
中華人民共和国輸出入貨物原産地条例
（2004 年 9 月 3 日中華人民共和国国務院令第 416 号公布）

第 1 条　輸出入貨物の原産地を確定し，各種の貿易措置を有効に実施し，対外貿易の発展を促進するために，本条例を制定する。

第 2 条　本条例は最恵国待遇，反ダンピングと反補助金，保障措置，原産地の標識管理，国別の数量制限，税関の割当て額等否優遇貿易措置及び政府の調達，貿易統計などの活動における輸出入貨物の原産地の確定に適用する。
　本条例は優遇性貿易措置の実施における輸出入貨物の原産地の確定に，適用しない。具体的方法は中華人民共和国が締結した，若しくは加入した国際条約，協定の関係規定に基づき別途制定される。

第 3 条　完全に一つの国家（地区）から獲得した貨物の場合，当該国（地区）を原産地とする。二つ以上の国家（地区）が貨物の製造に関与した場合，最終的に実質的変化を完成させた国家（地区）を原産地とする。

第 4 条　本条例第 3 条において，完全に一つの国家（地区）から獲得した貨物とは次の内容を指す。
　(1) 当該国家（地区）で生まれ飼育した，生きている動物。
　(2) 当該国家（地区）の野外で捕捉，漁労，蒐集された動物。
　(3) 当該国家（地区）に生息する動物から獲得した未加工の物品。
　(4) 当該国家（地区）で収穫した植物と植物製品。
　(5) 当該国家（地区）で採掘された鉱物。
　(6) 当該国家（地区）で獲得した，本条 (1) ～ (5) 以外のその他自然に形成した物品。
　(7) 当該国家（地区）の生産過程中に生ずる廃棄又は材料として回収す

るしかない廃棄物。
(8) 当該国家（地区）で収集した，修復又は修理できない品物，若しくは当該品物から回収した部品又は材料。
(9) 当該国家の旗を合法的に掲げた船舶が領海以外の海域で獲得した海洋海産物とその他物品。
(10) 当該国家の旗を合法的に掲げた加工船において本条9号に記載する物品の加工により得た製品。
(11) 当該国家の領海以外で専有採掘権を有する海床又は海床の土から獲得した物品。
(12) 当該国家（地区）で本条(1)〜(11)に記載する物品の中から製造した製品。

第5条 貨物が一つの国家（地区）で完全に獲得したか否かを認定する場合，次の各号の微小加工又は処理は考慮しない。
(1) 輸送，保存期間において貨物を保存するための加工又は処理。
(2) 積み下ろしを容易にするための加工又は処理。
(3) 貨物を販売するための包装などの加工又は処理。

第6条 本条例第3条に規定する実質的変化の認定基準は，税則分類変化を基本的基準とし，税則分類変化が実質的変化を反映できない場合，従価割，製造又は加工工程などを補助基準とする。具体的な基準は税関総署が商務部，国家品質監督検査・検疫総局と共同で制定する。

本条第1項における税則分類変化とは，その国家（地区）で非当該国家（地区）の原産材料を製造，加工後得られた貨物が，「中華人民共和国輸出入税則」の段階における税目分類で変化したことをいう。

本条第1項における従価割とは，その国家（地区）で非当該国家（地区）の原産材料を製造，加工後の増値部分が貨物価値を超える割合のことをいう。

本条第1項における，製造又は加工工程とは，その国家（地区）で行う製造，加工後得られた貨物に基本的特徴を与える主な工程のことをいう。

世界貿易機関の「否優遇原産地の協調に関する規則」が実施前，輸出入貨物原産地の実質的変化を確定するための具体的基準は，税関総署が商務

部，国家品質監督検査・検疫総局と共同で制定する。

第7条 貨物の製造過程中において使われるエネルギー，工場の建物，設備，機器と道具の原産地及び貨物の物質的成分又は構成部品となっていない材料の原産地は，当該貨物の原産地の確定に影響しない。

第8条 貨物と共に輸出入される包装，包装材料と容器が「中華人民共和国輸出入税則」の中で当該貨物と同一の類に属する場合，当該包装，包装材料と容器の原産地は当該貨物の原産地の確定に影響しない。当該包装，包装材料と容器の原産地について別途認定せず，当該貨物の原産地を即ち当該包装，包装材料と容器の原産地とする。

貨物と共に輸出入される包装，包装材料と容器が「中華人民共和国輸出入税則」の中で当該貨物と同一の類に属しない場合，本条例の規定に従って，当該包装，包装材料と容器の原産地を確定する。

第9条 通常配備する種類と定数に応じて貨物と共に輸出入される附属品，備品，道具及び説明用資料が「中華人民共和国輸出入税則」において当該貨物と同一の類に属する場合，当該附属品，備品，道具及び説明用資料の原産地は当該貨物の原産地についての認定に影響しない。当該附属品，備品，道具及び説明用資料の原産地について別途確定せず，当該貨物の原産地を即ち当該附属品，備品，道具及び説明用資料の原産地とする。

貨物と共に輸出入する附属品，備品，道具及び説明用資料が「中華人民共和国輸出入税則」において当該貨物と同一の類に属する一方，通常配備の種類と件数を超えた場合，及び「中華人民共和国輸出入税則」において当該貨物と同一の類に属しない場合，本条例の規定に基づき，当該附属品，備品，道具及び説明用資料の原産地を確定する。

第10条 貨物に対して行うすべての加工又は処理が，中華人民共和国の反ダンピング，反補助金と保障措置など関係規定を忌避するためである場合，税関は当該貨物の原産地を確定する際に，この類の加工と処理を考慮しなくてもよい。

第11条　輸入貨物の荷受人は「中華人民共和国税関法」及び関係規定に基づき輸入貨物の税関申告手続きをする際，本条例の規定する原産地認定基準に基づきありのままに輸入貨物の原産地を申告しなければならない。一組の貨物で原産地が異なる場合，各自原産地を申告しなければならない。

第12条　輸入貨物の輸入以前に，輸入貨物の荷受人又は輸入貨物と直接関係のあるその他当事者は，正当な理由がある場合，書面にて輸入しようとする貨物の原産地について税関に対し事前に確定を申請することができ，申請者は規定に基づき原産地の事前確定に必要な資料を税関に提出しなければならない。

　税関は原産地事前確定の書面申請及び全ての必要資料を受取った日より150日以内に，本条例の規定に基づき，輸入貨物の原産地事前確定の決定を下し，且つ公布しなければならない。

第13条　税関は申告を受取ってから，本条例の規定に基づき輸入貨物の原産地について審査・確定しなければならない。

　原産地事前確定の決定が下された貨物を，事前確定の決定が下された日より3年以内に輸入する場合，税関の審査により輸入する貨物が事前確定決定に記入されている貨物と一致し，且つ本条例に規定する原産地の確定基準についての変化がない場合，税関は当該輸入貨物の原産地について改めて確定しない。税関の審査に依り輸入する貨物が事前確定決定に記入される貨物と合致しない場合，税関は本条例の規定に基づき当該輸入貨物の原産地に対して改めて確定しなければならない。

第14条　税関は輸入貨物の原産地の確定について審査する際，当該輸入貨物の原産地証明書を提出するよう輸入貨物の荷受人に求め，併せて事前審査することができる。必要な場合，当該貨物の輸出国（地区）の関係機関に対し当該貨物の原産地について審査するよう請求することができる。

第15条　対外貿易事業者の提出した書面申請により税関は「中華人民

共和国税関法」第43条の規定に基づき，輸入しようとする貨物の原産地について予め原産地確定に関する行政裁定を下し，且つ公布しなければならない。同様の貨物を輸入する場合，同様の行政裁定を適用しなければならない。

第16条　国は原産地標識について管理を実施する。貨物又はその包装に原産地標識をつけてある場合，当該原産地標識で示される原産地は本条例に規定する原産地と合致しなければならない。

第17条　輸出貨物の荷送人は国家品質監督検査・検疫総局の管轄下にある各地出入国検査・検疫機関，中国国際貿易促進委員会及びその地方における支部（以下，査証機関と略称する）に対し，輸出貨物原産地証書の発行を申請することができる。

第18条　輸出貨物の荷送人が輸出貨物原産地証書の発行を申請時，査証機関で登録手続きをし，規定に基づきありのままに輸出貨物の原産地を申告し，且つ査証機関に輸出貨物原産地証書の発行に必要な資料を提出しなければならない。

第19条　査証機関は輸出貨物荷送人からの申請を受取ってから，規定に基づき輸出貨物の原産地を審査・確定し，輸出貨物原産地証書を発行しなければならない。中華人民共和国国内を原産とする輸出貨物でない場合，輸出貨物原産地証書の発行を拒否しなければならない。
　輸出貨物原産地証書の発行管理の具体的方法は，国家品質監督検査・検疫総局が国務院及びその他関係部門，機関と共同で別途制定する。

第20条　輸出貨物の輸入国（地区）の関係機関の申請によって，税関，査証機関は輸出貨物の原産地の実情について審査することができ，かつ，審査の情況を輸入国（地区）の関係機関に速やかに通知する。

第21条　貨物原産地の確定に用いる資料と情報は，関係規定に基づき提供できる又は当該資料と情報を提供する部門及び個人に許可される以

外，税関，査証機関は当該資料と情報について守秘しなければならない。

第 22 条 本条例の規定に違反して輸入貨物原産地を申告した場合，「中華人民共和国対外貿易法」，「中華人民共和国税関法」及び「中華人民共和国税関行政処罰実施条例」の関係規定に基づき処罰する。

第 23 条 虚偽の材料を提出して輸出貨物原産地証書を詐取した，輸出貨物原産地証書を偽造，変造，売買又は窃盗した場合，輸出入検査・検疫機関，税関が 5,000 元以上 10 万元以下の罰金を課する。税関の通過許可証書としての輸出貨物原産地証書を偽造，変造，売買又は窃盗した場合，貨物の価値に相当する金額以下の罰金を課する，但し，貨物の価値が 5,000元以下である場合，5,000 元の罰金を課する，不法所得があった場合，輸出入検査・検疫機関，税関が不法所得を没収し，犯罪に構成した場合，法により刑事責任を追及する。

第 24 条 輸入貨物の原産地標識が本条例に定める原産地と合致しない場合，税関が是正を命じる。
輸出貨物の原産地標識が本条例に定める原産地と合致しない場合，税関，輸出入検査・検疫機関が是正を命じる。

第 25 条 輸出入貨物の原産地を確定する職員が本条例に規定する手順に違反して原産地を確定する，若しくは承知している商業秘密を漏洩する又は職権の乱用，職責を疎かにしたり，情実にとらわれ不正行為を行った場合，法により行政処分を与える。不法所得がある場合，不法所得を没収し，犯罪を構成した場合，法により刑事責任を追及する。

第 26 条 本条例における用語の意味は次の通りである。
獲得とは捕捉，漁労，蒐集，収穫，採掘，加工又は製造などを指す。
貨物原産地とは本条例の確定に基づきある貨物を獲得した国家（地区）を指す。
原産地証書とは輸出国家（地区）は原産地規則及び関係要求に基づき発行した，当該証書に記載している貨物の原産地はある特定国家（地区）で

あることを明確に指摘した書面文書を指す。
　原産地標識とは　貨物又は包装において当該貨物の原産地を示す文字と図形を指す。

第 27 条　本条例は 2005 年 1 月 1 日から施行する。1992 年 3 月 8 日国務院が公布した「中華人民共和国輸出貨物原産地規則」，1986 年 12 月 6 日税関総署が公布した「中華人民共和国税関輸入貨物原産地に関する暫定規定」は同時に廃止とする。

あとがき

　本書は京都大学に提出した学位論文『日中通商交渉のメカニズム』を加筆修正したものである。

　本書は政治経済学の視点から，日中通商交渉の政策過程を解明し，今後の日中貿易の安定成長および貿易摩擦を最小限に留めるための提言を行った。個別産業の摩擦に関して民間団体が交渉合意結成に大きな役割を果たしているのに対して，人民元切り上げ問題・FTA 交渉などの包括的な経済摩擦においては，民間団体が交渉プレーヤーとして登場せず，両国政府の対立が交渉を難航させていることを明らかにした。最後に，個別産業における貿易摩擦の予防・解決策として民間団体の役割を充分に発揮するための経済産業協議網の一層の充実化，中国の為替制度改革の迅速化，FTA 交渉を早期に合意できるためのアーリー・ハーベスト方式の活用などを提言した。

　本書は 21 世紀の日中政治経済関係を研究対象としており，日中通商交渉のメカニズムの解明および政策決定過程におけるアクターの多様化の分析に重点をおいている。政治経済状況に対する速報性を重視する反面，データ・資料などの制限によって厳密性が不十分な点も否定できない。これを考えると，あと数年調査研究を続けて，より良いものに仕上げるべきだとも思う。しかし，日中貿易について，経済学的に考察した学術書は多少あっても，政治学的に考察した学術書はほとんどないという状況のなかで，それなりに意味があると考えて出版を決意した。筆者にとって本書は研究者の道を選択して以来研究の一つの区切りであり，研究者としてのスタートでもある。

　本書の内容に関係する既発表の拙稿は以下の通りである。

1. 「構造改革期における貿易政策試論 ── 日中貿易摩擦の分析から」『社会システム研究』第 6 号，pp.259-272（14 頁），2003 年 3 月。
2. 「日中貿易交渉における官民協議の役割 ── ネギ等農産品 3 品目に対する暫定的セーフガードの事例研究」『社会システム研究』第 7 号，pp.97-111（15 頁），2004 年 2 月。

3. 「日中 FTA 戦略の比較研究」『社会システム研究』第 8 号，pp.81-93（13 頁），2005 年 2 月．
4. 「WTO 紛争処理メカニズムと民間団体の役割について —— アメリカ・EU・中国の鉄鋼セーフガード措置をめぐって」『日本公共政策学会 2003 年度研究大会論文集』2003 年 6 月．
5. 「人民元為替レート問題をめぐる外圧の変化 —— 切り上げ要求から制度改革支援へ」『日本公共政策学会 2004 年度研究大会論文集』2004 年 6 月．
6. 「日中貿易摩擦が解決できるのか —— 政策デザインの観点から」『日本公共政策学会 2005 年度研究大会論文集』2005 年 6 月．

　本書の作成に当たって，多くの先生方から協力を頂いた．足立幸男先生，間宮陽介先生，浅野耕太先生には，論文の構想段階から多くのご指導および問題点についてご指摘いただいたことに感謝したい．特に足立先生には，筆者の指導教官として，学問研究の楽しさ，研究者のあり方や姿勢について厳しく，ときには優しく数多くのご教示を頂いたことに，心から感謝の意を表したい．日本公共政策学会での 3 回の発表において，この研究を遂行する過程で有益なコメントを与えてくださった関西大学の鵜飼康東先生，追手門学院大学の奥井克美先生，日本経済新聞社（2009 年 4 月より関西学院大学）の小池洋次先生など，諸先生方に感謝の意を表したい．また，常に学問的刺激を与えていただいているシステム論研究会の橋本信之先生，森脇俊雅先生，岡本哲和先生，窪田好男先生，石橋章市朗先生，脇坂徹さん，神戸学院大学の中村宏先生，氏家伸一先生，関西公共政策研究会の山谷清志先生，長峯純一先生，那須耕介先生，佐野亘先生，高津融男先生など，諸先生方にお礼申し上げたい．同じ京都大学大学院人間・環境学研究科足立研究室の北島栄儀さんをはじめとする大学院生の皆さんには，多くのご指摘を頂いたことと，日本語を訂正していただいたことにお礼申し上げたい．

　勤務先である神戸学院大学には自由で素晴らしい研究環境を与えてくれていることに深く感謝している．本書の出版にあたっては神戸学院大学法学会から出版助成を頂いた．また京都大学学術出版会の斎藤至氏からは多くの有益なコメントを頂いた．氏の編集者としての能力に敬意を払いつつここに深

謝したい。最後になったが，夫成康と二人の子供（鴻，遥）の理解と協力がなければ本書が完成することはなかった。この場を借りて感謝したい。

2008年9月

焦　従勉

索　引

● A–Z

WTO紛争処理メカニズム　45, 46, 49, 57, 59-62, 68, 143, 153

● あ行

アジア通貨危機　76, 79, 80, 87, 94, 98, 99, 102, 104, 135, 136
アジア通貨基金　98
アメリカ通商代表部（USTR）　1, 55, 60, 90, 115, 168
アーリー・ハーベスト　103, 105, 112, 156
アンチ・ダンピング（AD）　4, 12, 33, 36, 45, 46, 48, 52, 55, 57-59, 64, 90, 102, 115, 125, 127, 129-131, 145, 147, 151
円高不況　122, 154

● か行

外貨準備　75, 78, 80-82, 89, 91-93, 150
開発輸入　20, 26, 29, 31, 34, 143, 151
価格調整　35
貨幣政策　74, 76, 79-81, 84, 91, 94
為替制度　5, 74, 81, 86, 91, 92, 141, 143, 154
為替レート　7, 9, 72, 74, 75, 77, 79-81, 84, 85, 88, 90-93, 135, 140, 154
　　──の形成メカニズム　72, 81, 88, 91-94
雁行モデル　137
関税撤廃　106
官民協議　15, 32, 38, 40, 46, 66, 68, 131, 145, 152-155
還付制度　129
技術援助合作協定　86
救済措置　43, 46, 144, 145, 147
協調体制　53, 88, 134
金融制度改革　72, 81, 88, 92, 94, 140
経済相互依存　4, 92, 95
経済摩擦　4, 5, 16, 68, 114, 117, 120, 133, 141, 145, 155
権威的価値配分　11
原産地基準　125
原木栽培　21, 22

菌床栽培　21
構造調整　6, 12, 27, 28, 31, 40, 42, 53, 59, 60
国際スタンダード化　14, 33, 45, 46, 55, 59, 88, 143, 151
個別産業　5, 10, 15, 114, 115, 120, 124, 132, 133, 143, 145, 147, 155
コーポラティズム　11

● さ行

最恵国待遇　2, 103
債権構造　81
最低輸出価格　39
三角貿易　3, 25, 125, 150
時限措置　28
市場アクセス　2, 98
資本移動　78
資本取引規制　72, 75, 93, 94
ジャパン・バッシング　115, 127
斜陽産業　40, 44, 113, 128
重商主義　78
自由貿易主義　15, 26, 41, 45
自由貿易体制　1, 3, 44
自由貿易協定（FTA）　95
　　日本の──　100, 108
　　日本-ASEAN──　106
　　ASEANの──　101
　　中国の──　101
　　ASEAN-中国──　103-105
熟練集約度　148
重大な損害　23-26
上級委員会　27, 46, 59, 60, 61, 153
商務部　7, 54, 57, 64, 72, 79, 83, 84, 88, 90, 103, 105, 106, 132, 134, 145, 152
新興鉄鋼国　48
人民元切り上げ　4, 7, 10, 16, 68, 123, 127, 133, 134, 138, 140, 143, 145, 154
水平型貿易　47
数量割当　125
整合性　59, 66, 106, 111
政治経済学分析　13
政策アイディア　13, 45, 143, 151
政策遺産　80
制度設計　14

制度摩擦　137, 138, 141, 155
セーフガード（SG）　4, 5, 9, 124, 127, 128, 130, 131, 143, 145, 151
　　　農産品の――　23
　　　鉄鋼の――　46
選挙対策　91
センシティブ品目　110 →自由貿易協定
損害認定　46

●た行

対外投資制限　75
対抗措置　24, 34, 37, 61, 62, 66, 153, 154
対等摩擦　113, 114, 128 →通商摩擦
代償交渉期間　61, 153
多元市場　51
多元主義　11, 44
チェンマイ・イニシアティブ　99
中間財　3, 125
中国脅威論　9, 105, 136, 137
中国特需　9, 129, 143
直接投資　5, 20, 71, 75, 77, 128, 130, 135-137, 139, 149
通貨バスケット制　8, 135, 140
通商政策　2, 3, 62, 100, 101, 109, 115, 129
通商法第201条　43, 118
通商摩擦　4
鉄鋼過剰生産　43
鉄鋼多国間協議　48
鉄の三角形　30
デフレ圧力　73, 76, 77
東南アジア5カ国　107
ドーハ開発アジェンダ　1, 62
ドル・ペッグ制　7, 71, 80, 89, 93

●な行

二元論　11
農林族　24, 30, 31
発動用件　23
パネル　27, 43, 45, 46, 60, 61, 153
比較優位　19, 34, 105, 113, 128, 148
非関税障壁　1, 5, 12, 129, 138, 147
プラザ合意　16, 72, 77, 81, 86, 114, 117, 119-122, 134, 139, 140, 154
不良債権　72, 74, 88, 94
変動相場制　7, 71, 72, 75-78, 85, 89, 92, 134, 135, 140, 154

法制化　14, 33, 45, 46, 112, 143, 151
貿易相手国　2, 4, 81, 84, 91, 116, 124, 135, 138
貿易赤字　7, 9, 71, 78, 81, 82, 85, 90-93, 102, 123, 127, 128, 131, 133, 136, 150
貿易構造　3, 9, 50, 77
貿易収支　5, 121, 133, 134, 140
貿易不均衡　4, 5, 90, 102, 114-117, 121, 150, 151, 154
貿易摩擦　1, 4, 5, 8, 9, 12-15, 25, 29, 67, 68, 78, 81, 83, 90-93, 102, 115
　　　日中貿易摩擦　114-116
　　　日米貿易摩擦　123-127
報復関税　33
報復措置　27
補完関係　96, 141
保護主義　5, 12, 13, 26, 32, 40, 44, 68, 84, 98, 115, 116, 150

●ま行

民間協議　30, 40, 131, 152-155
メカニズム　2, 6, 9, 12, 98, 99, 129, 140

●や行

輸出自主規制　23, 32-36, 47, 59, 66, 116, 117, 130, 148
輸出付加価値　88
輸入割当　49, 151
輸入競合産業　116
輸入自粛　130, 131, 151
輸入制限　12, 32, 67, 115-117, 128, 130, 131, 138, 151
　　　輸入数量制限　25
優遇貸付制度　53
誘導政策　22, 143

●ら行

レント・シーキング（DUP）活動　6, 13
労働集約型産業　9, 144, 148
労働生産率　87
ロビイング　6, 13, 24, 44, 82, 115, 143 →レント・シーキング（DUP）活動

［著者紹介］

焦　従勉（じやお　つおんみいえん）

1992年，北京大学都市・環境学部卒業。2006年，京都大学大学院人間・環境学研究科修了，博士（人間・環境学）学位取得。京都大学大学院人間・環境学研究科研究員を経て，2007年より神戸学院大学法学部准教授。専攻は，政策過程論，環境ガバナンス論。
主な著作に，「日中貿易摩擦が解決できるのか —— 政策デザインの観点から」（『日本公共政策学会2005年度研究大会論文集』2005年），『「環境ガバナンスを支える民主主義の理念と制度の研究」データベース (I) (II)』（編，金星社，2007年-2008年）など。

日中通商交渉の政治経済学（神戸学院大学法学叢書　17）

Ⓒ C. Jiao 2009

2009年3月31日　初版第一刷発行

著者　焦　　従勉
発行人　加藤重樹

発行所　京都大学学術出版会
京都市左京区吉田河原町15-9
京大会館内（〒606-8305）
電話（075）761-6182
FAX（075）761-6190
URL http://www.kyoto-up.or.jp
振替 01000-8-64677

ISBN 978-4-87698-778-8
Printed in Japan

印刷・製本　㈱クイックス東京
定価はカバーに表示してあります

神戸学院大学法学研究叢書

村井　衡平　著
離婚と互責 ── アメリカ諸州離婚法への展望
法学研究叢書 1
1987 年 4 月刊（日本評論社）

乙部　哲郎　著
行政上の確約の法理
法学研究叢書 2
1988 年 8 月刊（日本評論社）

森田　章　著
投資者保護の法理
法学研究叢書 3
1990 年 7 月刊（日本評論社）

播磨　信義　著
仁保事件救援運動史 ── 命と人権はいかにして守られたか
法学研究叢書別巻
1992 年 9 月刊（日本評論社）

岩本祐二郎　著
オーストラリアの内政と外交・防衛政策
法学研究叢書 4
1993 年 5 月刊（日本評論社）

藤田　寿夫　著
表示責任と契約法理
法学研究叢書 5
1994 年 4 月刊（日本評論社）

林　久茂　著
海洋法研究
法学研究叢書 6
1995 年 6 月刊（日本評論社）

中村　宏　著
地方選挙 ── 英国、日本、ヨーロッパ
法学研究叢書 7
1996 年 3 月刊（日本評論社）

石原　明　著
医療と法と生命倫理
法学研究叢書 8
1997 年 1 月刊（日本評論社）

西尾　信一　著
銀行取引の法理と実際
法学研究叢書 9
1998 年 3 月刊（日本評論社）

荏原　明則　著
公共施設利用と管理 ── 海浜と道路を中心に
法学研究叢書 10
1999 年 9 月刊（日本評論社）

大島　俊之　著
性同一性障害と法
法学研究叢書 11
2002 年 6 月刊（日本評論社）

馬渡淳一郎　著
労働市場法の改革
法学研究叢書 12
2003 年 2 月刊（日本評論社）

窪田　好男　著
日本型政策評価としての事務事業評価
法学研究叢書 13
2005 年 2 月刊（日本評論社）

上脇　博之　著
政党国家論と国民代表論の憲法問題
法学研究叢書 14
2005 年 12 月刊（日本評論社）

岡田　豊基　著
請求権代位の法理 ── 保険代位論序説
法学研究叢書 15
2007 年 12 月刊（日本評論社）

岡本　篤尚　著
《9・11》の衝撃とアメリカの「対テロ戦争」法制
── 予防と監視
法学研究叢書 16
2009 年 1 月刊（法律文化社）